29,-

WEGWEISER ZUM ZEN

Eidō T. Shimano

WEGWEISER ZUM ZEN

Zen-Buddhismus nach Rinzai

THESEUS VERLAG

Titel der amerikanischen Originalausgabe:
Points of Departure
Zen Buddhism with a Rinzai View
erschienen bei The Zen Studies Society Press,
HCR 1, BOX 171, Livingston Manor, NY 12758, U.S.A.

© 1991 Eidō Tai Shimano
© 1994 der deutschen Ausgabe
Theseus Verlag, Berlin

Übersetzt aus dem Amerikanischen von Michael Weissert

Alle Rechte der Verbreitung in deutscher Sprache,
auch durch Film, Funk und Fernsehen, fotomechanische
Wiedergabe und auszugsweisen Nachdruck
vorbehalten durch Theseus Verlag

Umschlaggestaltung: Eugen Bisig
Titelbild: »Hotei zeigt auf den Mond«
von Fugai Ekun (1568–1654)
mit freundlicher Genehmigung der »Gitter Collection«, U.S.A.
Kalligraphien mit freundlicher Genehmigung
des Autors und der Zen Studies Society, New York
Fotos: Jürgen Tapprich, Zürich
Herstellung: Clausen & Bosse, Leck
Printed in Germany
ISBN 3-85936-058-2

ÜBER DEN AUTOR

Eidō T. Shimano bildete sich im Tempel Ryūtaku-ji in Japan unter Sōen Nakagawa und weiter unter den Zen-Meistern Yamamoto Gempo und Ryōko Yasutani zum Priester des Zen aus und trat später Zen-Meister Sōens Nachfolge im Dharma an. 1960 wanderte Eidō Shimano über Hawaii nach Amerika aus. Er wurde amerikanischer Staatsbürger und gründete 1968 den Shōbō-ji in New York City und 1976 den Dai Bosatsu Zendō Kongō-ji in den Catskills im Staat New York. Zusammen mit Zen-Meister Kōgetsu Tani vom Shōgen-ji in der Präfektur Gifu in Zentraljapan steht er auch dem 1980 in Zürich gegründeten Shōgen Dōjō der Rinzai Zen Gesellschaft der Schweiz vor. Meister Shimano setzt sich seit jeher nach Kräften für die Verbreitung des Zen-Buddhismus in Amerika und Europa ein. Ein besonderes Anliegen ist ihm das Gespräch zwischen Buddhisten und Christen.

VORWORT DER AMERIKANISCHEN AUSGABE

Obwohl der Zen-Buddhismus in sich selbst zeitlos ist, entwickelt sich die Art und Weise, wie seine Einsichten an eine Kultur vermittelt werden, und weitet sich die Sicht des Lehrers – Meister Eidō braucht dafür gern das englische Wort *vista*.

Nach seinem ersten Buch mit Teishō, d. h. Darlegungen des Dharma, setzt das vorliegende Buch den Akzent auf die Tradition des Zen, die von Rinzai ausgeht, damit ihre besondere Auffassung von Zen für die Übenden in unserer sich rasch wandelnden Gesellschaft nicht verloren gehe. Es geschieht nicht, um Parteien zu bilden, sondern zur Bereicherung derer, die sich mit Zen befassen.

Wir haben versucht, die Texte so darzubieten, dass eine aufsteigende Ordnung spürbar wird. Zuerst wird die geistige Haltung des Zen-Buddhismus in ihrer Ausrichtung auf das Buddha-Wesen oder die wirkliche Wirklichkeit betrachtet. Dem folgt ein Blick auf einige Bereiche, wo sich im Leser etwas wandeln oder geistiges Wachstum einstellen kann. Daran schliesst sich eine Kostprobe von geistiger Übung im Stil Rinzais an. Den Schluss bilden mehrere in sich geschlossene Darlegungen zur Veranschaulichung beispielhafter Fälle, wo Denken und Tun eins werden.

Die Herausgeberin dankt Zen-Meister Eidō und der Gemeinschaft des Dai Bosatsu Zendō dafür, dass sie ihr die Möglichkeit gegeben haben, an, in und mit diesem Buch zu wirken.

Mit zum »Gasshō« aneinandergelegten Handflächen
Myōshin Lorette Zirker

INHALTSÜBERSICHT

Erster Teil	Die Feinheiten der Buddha-Natur	13
Zweiter Teil	Mehrung	51
Dritter Teil	Zur Anwendung von Zen nach Rinzai . .	93
Vierter Teil	Teishō im Geist von Rinzai	149
Anhang	Worterklärungen	217
	Literaturverzeichnis	219
	Anschriften	221

ERSTER TEIL
DIE FEINHEITEN DER BUDDHA-NATUR

Einleitung 15

Wir sind auf Zeit erschaffen 16

Das Etwas 17

Abstufungen 19

Erkennen, was wirklich wirklich ist 21

Wo liegt »zu Hause«? 24

Die Blumen des Alls 26

Ausdruck des Ganzen 28

Wer ist jener Eine? 30

Unmerklich feine Einwirkungen 33

Tot und dennoch lebendig 35

Ohne ausgeprägte Gestalt 41

MU macht Max 44

Vergänglichkeit 46

EINLEITUNG

Die meisten werden sich einig sein: Die folgenden Texte sind eine harte Nuss. Der Stoff jedoch ist grundlegend für eine Beschäftigung mit dem Zen Rinzais und für das Verständnis des Ursprungs des Zen-Buddhismus.

Einige mögen die Ansicht vertreten, es sei gar nicht nötig, diesen Stoff überhaupt schriftlich mitzuteilen. Das Verständnis des Buddha-Wesens werde sich von selbst im Lauf der Übung von Zen ergeben.

Andere finden, dass man gerade im Westen zur Stützung der beschwerlichen und langwierigen Übung den Intellekt und die Vorstellungskraft einbeziehen müsse. Lektüre und Studium kämen einem Bedürfnis entgegen und gäben unschätzbare Hinweise. Für viele, die sich vom Zen-Buddhismus angezogen fühlen, gewähren Worte die ersten geheimnisvollen Einblicke in eine neue Sicht – *vista*.

»Buddha-Wesen«, »DIES« – es sind tatsächlich schwierige Begriffe, die auf den folgenden Seiten vorgestellt werden.

Keine Sorge. Früher oder später, auf die eine oder andere Art, werdet ihr verstehen.

I DIE FEINHEITEN DER BUDDHA-NATUR

WIR SIND AUF ZEIT ERSCHAFFEN

Alle habt ihr irgendeine Stellung oder einen gesellschaftlichen Rang inne, sei es als Vorsitzende eines Vereins, Stellvertreterin des Chefs, Staatsbeamte. Alle führen irgendeinen Titel: Hausfrau, Ehemann, Student(in) des *Dharma*[1]. Wir sind Teilnehmer am *Sesshin*; es gibt das Amt der Köchin oder des Kochs, in der Sprache des Zen *Tenzo* genannt, oder das des *Jisha*, der für Ordnung und Reinlichkeit im Tempel besorgt ist. Zumindest tragen wir alle einen Namen. Was ihr als euer Selbst betrachtet, hat einen Namen, eine Nationalität, trägt einen Titel.

Meister Rinzai (gest. 866) sagt, dass es einen »Wahren Menschen ohne Rang« gibt, japanisch: *mu i no shinjin*. Statt Wörter wie Buddha-Wesen oder wahres Wesen oder einen anderen religiösen Ausdruck zu verwenden, prägte Rinzai die Bezeichnung »Wahrer Mensch ohne Rang«. Aus diesem wahren Menschen ohne Rang heraus sind wir vorübergehend in dieser oder jener Gestalt erschaffen worden, mit Namen und Stellungen auf Zeit. Da wir uns täuschen, irreführen lassen und unser zeitliches Wesen für wirklich und zeitlos halten, gerät der »Wahre Mensch ohne Rang« in Vergessenheit.

---

[1] Wendungen aus dem Sanskrit oder Japanischen werden beim ersten Auftreten kursiv gedruckt. Einige Erklärungen stehen im Anhang. Die Anmerkungen stammen vom Übersetzer.

DAS ETWAS

Als Menschen kennen wir Habgier, Zorn, Eifersucht, Tollheit, Neid, Ratlosigkeit, Begehrlichkeit, Ängste, Enttäuschungen... Wir möchten diese plagenden Gefühle und Zustände loswerden.

Einige von euch haben das Glück, über den Weg des Zen zu hören, und während ihr damit anfangt, denkt ihr für euch: »Ich übe Zen«, oder »Ich mache *Zazen*«, oder »Ich sitze mit MU« – ein anderes Wort für Buddha-Wesen. Ihr denkt: »Ich... ich bin... ich tue«.

Doch allmählich merkt ihr, dass es Etwas gibt. Dieses Etwas war vorhanden, bevor wir geboren wurden, vor unserer derzeitigen Gestalt, und es wird noch lange nach unserer Umgestaltung da sein. Es ist ein fortwährend schaffendes Etwas. Zunächst glaubt ihr, Etwas liege andernorts. In Wahrheit ist Etwas, das keinen Anfang nimmt und kein Ende hat, das weit, grenzenlos und unergründlich ist, hier in uns selbst angelegt.

Zen-Meister Nakagawa Sōen (1907–1984) bemerkte des öftern: »Heutzutage schiessen ›*zen centers*‹ wie Pilze aus dem Boden... Das wahre Zentrum des Zen befindet sich hier, in unserm *Hara*.« Unser aller Hara, unser Solarplexus, das Zentrum unseres Gleichgewichts ist der Mittelpunkt von MU, der Buddha-Natur.

Es heisst andererseits, dass wir die Buddha-Natur, unser wahres Wesen, in allem und überall finden,

in jeder Begebenheit, jederzeit und an jedem Ort.
                      Glaubensbekenntnis des Bodhisattwa

Von allen Geheimnissen der Welt ist das Buddha-Wesen das geheimnisvollste – am wenigsten verständlich, fassbar, festzulegen. Deshalb sitzen wir im Zazen und fragen tief in uns hinein: Was ist mein wahres Wesen? Wo liegt es? Wo ist Es?

Wenn ihr erst einmal das lebendige Wirken von Etwas

erfahrt, werdet ihr nicht nur die Fragen danach, wo, was, wer und welches es sei, beantworten können. Ihr werdet auch frei von zahlreichen Sorgen sein, zumal denen, die in Zusammenhang mit eurem geistigen Leben stehen.

ABSTUFUNGEN

Das Buddha-Wesen – DIES – kennt feine Abstufungen.

Grundsätzlich, vom Standpunkt des Eigentlichen aus gesehen, existiert kein Buddha unabhängig von uns. Das versteht ihr hoffentlich. Getrennt von uns gibt es weder einen Dharma, noch eine tätige Buddha-Natur. Wir selbst sind nichts weniger als die Bekundung, Offenbarung, zeitliche Ausgestaltung von Diesem, Buddha, Buddha-Natur, Buddha-Wesen oder von etwas, das wir in unsrem Training MU nennen.

Sprache ist trügerisch. Sie erlaubt mir, diesen Teil meiner Brille hier einzeln zu bezeichnen, nämlich als eines der beiden Gläser – engl. »*the lens*«. Dennoch bildet er einen unverzichtbaren, nicht wegzudenkenden Bestandteil dessen, was ich meine Brille nenne – »*my glasses*«. Das Staubkorn ist die dreitausend Milchstrassen des Universums. Ihr seid die Buddha-Natur. *Wenn ich meditiere, meditiert das All.*

Und doch... und doch erkennen wir Brillengläser, Manuskript, Verstärkeranlage, eine Matte für den Kniefall, eine Blume, den Buddha *Monju* auf dem Altar und alle hier Anwesenden. Zahllose Einzelheiten gibt es hier, und alle unterscheiden sich voneinander, haben verschiedene Formen, tragen andere Namen, dienen unterschiedlichen Zwecken, führen ihr eigenes Leben. Vom Standpunkt der Bedingtheit aus gesehen, unterscheiden sich alle Dinge voneinander, sind relativ.

Grundsätzlich sind wir Buddhas, der Erscheinung nach Holzköpfe, »*bumpkins*«. Das widerspricht sich scheinbar, Erleuchtung und Täuschung, Buddha und Holzkopf. Aber wie Liebe und Hass gehören sie zusammen, sind bloss zwei Ansichten derselben Sache. Ohne Liebe kein Hass. Dasselbe gilt für Buddha und Holzkopf. Erleuchtung und Verblendung, *samsāra* und *nirvāna*, Geburt und Tod. So kommt uns die Wirklichkeit oft alles andere als logisch vor!

Sprechen wir von Buddha, verbinden wir damit stets Wertschätzung; ein Wort wie Holzkopf ruft Geringschätzung hervor. Anders gesagt: Wir ziehen eins dem andern vor. An einem finden wir Gefallen, das andere missfällt uns. Jedes Wort, das wir brauchen, bringt sein Umfeld, seine Ober- und Untertöne ins Spiel. Kaum ausgesprochen, heftet sich aus irgendeinem Grund unser Geist daran; Buddha – grossartig! Holzkopf – pfui! Buddha und Holzkopf sind nicht zweierlei. Wenn es doch so scheint, hat das mit der anhaftenden Eigenschaft unseres Geistes zu tun.

Wenn ich bitte, es sollten all diejenigen die Hand erheben, die sich für Holzköpfe halten – die meisten werden sich melden. Erkundige ich mich danach, ob ihr euch für Buddha haltet, äussern einige von euch Zweifel. Sie sehen sich eher als Holzköpfe.

Vom Wesen her sind wir Buddha. Allerdings trifft beides zu. Es scheint zwar unsinnig, demselben Menschen mit Liebe und Hass zu begegnen, und doch geschieht es. Grundsätzlich liebt, zeitweilig hasst man. So stellt es sich einem Buddhisten dar. Grundsätzlich Mitgefühl, von Zeit zu Zeit (verschwindend selten) Bitterkeit. Sie sind jedoch eins. Das hat nichts mit Dualismus zu tun. Es sind zwei Facetten des einen, dem wir eigentlich keinen Namen geben können, das wir aber MU nennen.

ERKENNEN, WAS WIRKLICH WIRKLICH IST

Dem Buddhismus gilt diese Welt als Täuschung – ein heikles Thema und eine weitreichende philosophische Aussage.

Als moderne, im Materialismus und Individualismus verhaftete Menschen, halten wir die Welt für real. Es fällt uns schwer, sagen wir, Schmerzen als Illusion zu empfinden. Ein Ding der Unmöglichkeit. Schmerzen sind doch wirklich! Rinzai und die Patriarchen lehren etwas anderes: Ja, wir leiden. Doch liegt die Ursache des Leidens in einer Fehlannahme. Man hält die Täuschung für das Echte.

Die grösste Herausforderung für uns Menschen, Individuen des 20. Jahrhunderts, ist die Verlagerung unserer Aufmerksamkeit weg vom sogenannten Wirklichen hin zum wirklichen Wirklichen. Wie Rinzai in den *Aufzeichnungen*, dem *Rinzairoku*, immer wieder feststellt, erfolgt Befreiung, wenn diese Wendung vollzogen ist.

Wanderer auf dem Weg, Geist ist ohne Form.
　　　　　　　　　　Aufzeichnungen von Rinzai
　　　　　　　　　　Reden, zehntes Beispiel

Das sind nicht leere Worte. Das ist eine Tatsache. Doch die Tatsache muss in Worten ausgedrückt werden. Wir lesen die Buchstaben, und schon sind es bloss Wörter. Und doch ist es tatsächlich so:

Geist ist ohne Form.

Ihr sträubt euch dagegen. Ihr befürchtet, die Kontrolle, ja euch selbst zu verlieren. Dabei gewinnt tiefe Einsicht, wer es versteht.

Wanderer auf dem Weg, Geist ist ohne Form.

Soviel für heute. Das *Teishō* ist beendet. Jedes weitere Wort wäre zuviel. Alles, was man sonst noch zitieren könnte, etwa:

Betrachtest du die Form der Nicht-Form als Form...
Hakuin. Preislied des Zazen

oder:

Alle zusammengesetzten Dinge sind wie ein Traum
Ein Phantasiegebilde, eine schillernde Blase und
ein Schatten...
Diamantsutra,
zweiunddreissigster Abschnitt

– es erübrigt sich, eigentlich.

*

Wörter können allerdings auch hilfreich sein.

Im Auge heisst es Sehen
Im Ohr heisst es Hören
In der Nase riecht es
Im Mund führt es Gespräche
In der Hand fasst es an, packt zu
In den Füssen läuft und trägt es.
Rinzai. Reden, zehntes Beispiel

Im Gehirn heisst es Denken. Am Anfang des sogenannten »Lebens« wird es sogenannt »geboren«. Am Ende »stirbt« es. Nicht besonders logisch, die Feststellungen dieser Zen-Lehrer, höre ich euch sagen. Ohne Logik überzeugen wir unsere linke Hirnhälfte nicht. Nur sind die Patriarchen eben keine ausgekochten Logiker gewesen, und ihre Aussagen waren alles andere als sogenannt »vernünftig«. Sie sprechen von der Warte des Wesentlichen aus die rechte Hemisphäre unseres Gehirns an, die weniger kultivierte, weniger trainierte Seite. Hier appellieren sie an unsere Intuition und überzeugen uns, ohne daß es zu Missverständnissen kommt.

Geist ist ohne Form, und weil Geist ohne Form ist, seid ihr frei, wo immer ihr sein mögt.

Hier wird Zazen wichtig. »Lasst sie sitzen!« haben die Patriarchen wohl gesagt. Wenn der Fisch hungrig ist, beisst er an, sonst halt nicht. Wenn wir nach der Wahrheit verlangen, werden wir neugierig. Wenn wir begierig sind auf die wahre Wirklichkeit, schnappen wir sie. Dieses Zubeissen ist Zazen. Kauen. Einüben der rechten Hälfte unseres Gehirns.

WO LIEGT »ZU HAUSE«?

GEIST, in Grossbuchstaben, ist von Rinzai angesprochen:

IHN sollt ihr erkennen, edle Mönche, der diese Schattenbilder lenkt. ER ist der Urgrund aller Buddhas.

Rinzai. Reden, zehntes Beispiel

Edle Mönche – oder edle Leser(innen) –, wieder kommt uns die Sprache in die Quere. Kaum lesen wir IHN, erwarten wir, jemand zu sehen. Deutet die Stelle lieber so: Begreift, dass nichts, Nichts, kein Ding, der Urgrund aller Buddhas ist.

Das Fachwort für ER und IHN ist *shūnyatā*, »Leere«, »Leersein«, ein Wort aus dem Sanskrit, eine gute Bezeichnung für Buddha-Wesen, So-heit, Allwirklichkeit, Allbewusstsein. Fasst das bloss nicht als ein Gedankenspiel auf! Es entspricht der Tatsache.

Shūnyatā ist und bleibt zwar eine Bezeichnung, aber wir kommen nicht daran vorbei: Nichts, kein Ding existiere in sich selbst als etwas Ganzes. Man kann sich das nur schwer vorstellen. Dagegen gibt es tatsächlich etwas, Shūnyatā genannt, das wahre Selbst oder Gott, der Himmel und Erde, der alles erschuf.

Ich betreibe hier keine Metaphysik. Es geht mir um etwas durchaus Konkretes. Lasst mich das Beispiel von Meer und Welle heranziehen. Einerseits sind Meer und Wellen ein und dasselbe; andererseits zweierlei, und doch dasselbe. Man kann sie nicht getrennt voneinander betrachten.

Demgemäss spreche ich von etwas grundsätzlich und eigentlich Wirklichem, von Shūnyatā, meine aber gleichzeitig etwas in der Erscheinungswelt. Auch hier geht es um zwei, die eins sind und doch nicht ein und dasselbe.

GEIST ist das grosse All, die Buddha-Natur, die in unserem Zen auch MU heisst. Dieses MU werdet ihr als den Urgrund aller

Buddhas und *Bodhisattwas*, Götter und Gottheiten erkennen lernen. Wenn es soweit ist – so weit gelangt in gewisser Hinsicht jeder – dann bewahrheiten sich sowohl Rinzais Worte:

> *Jeder Ort birgt das Zuhause, zu dem der Anhänger des Wegs heimkehrt.*

wie Hakuins:

> *Ob du gehst oder kommst, du kannst an keinem andern Ort sein.*

Du – das ist nicht jemand anders. Es geht um euch. Ob ihr geht oder zurückkehrt, dableibt oder euch verabschiedet, ihr könnt immer nur zu Hause sein. Im ursprünglichen, immerwährenden und doch vorübergehenden Heim, zu dem alle Anhänger des Wegs zurückkehren. Kein Grund, sich je fremd zu fühlen. Wo auch immer ihr euch aufhaltet, dort ist euer Zuhause.

DIE BLUMEN DES ALLS

Als ich eines Tages Meister Sōen bat, mir sein bestes *Haiku* zu nennen, musste er nicht lange nachdenken:

Hana no yō no
Hana no yō naru no
Hito bakari.

Alle Menschen blühen
Wie Blumen –
Ein Meer von Blüten.

Blumen, weder Schnee noch Mond noch Ahorn noch goldener Wind; Blüten im Frühjahr. Die ganze Schöpfung, belebt oder unbelebt, alle Wesen, ob sie fühlen oder nicht, kommen in ihrer Schönheit einer Blume gleich, die in jedem Augenblick, wo auch immer aus ganzer Kraft in voller Blüte steht.

Unter uns gibt es Menschen, die Trennungen durchlitten haben. Trennungen sind wie eine Blume. Selbst der Tod ist eine Blume in Blüte. Ratlosigkeit, Schmerz, eine Menge Dinge, die wir in die Kategorie »unerwünscht« einordnen mögen, existieren ebenfalls mit der Kraft von blühenden Blumen. Erst wenn wir das erkennen, ergibt sich für uns begehrliche, bequeme Menschen die Möglichkeit zu Zufriedenheit und Glück. Bevor wir soweit sind, heisst es wohl noch: Ich sitze mit MU für mein *kenshō*. Echt schade!

Eine Blume in voller Blüte. Jedes Ding, jedes Ereignis: wenn man sich trifft, wenn man sich trennt, wenn man sich freut, wenn man älter wird, sich erkältet, zu tiefen Blutdruck hat. Zu einigem fühlen wir uns hingezogen, anderes stösst uns ab.

Der dritte Patriarch, Sōsan Ganchi (gest. 606), mahnt:

*Der höchste Weg
ist nicht schwierig,
nur ohne Wahl.*

*Der Kampf zwischen
Verschiedenheit und Übereinstimmung
führt zur Krankheit
des Geistes.*
                Sōsan. Meisselschrift des gläubigen Geistes

    Selbst Kriege, die Bombe, Gut und Böse, Recht und Unrecht sind blühende Blumen für den, der MU verwirklicht und sich vom Kategorisieren befreit hat.

AUSDRUCK DES GANZEN

Hōgen fragte Shishō: »In Myriaden von Formen offenbart sich ein einziges – manzō shichū dokuroshin –, was bedeutet das?«
Shishō hob seinen Lehr-Wedel empor.
Hōgen sagte: »Du ahmst bloss unseren Lehrer Chōkei nach«.

Hmm, Nachahmung. Wie versteht ihr, dass sich in Myriaden Formen ein einziges offenbare? Könnt ihr es zeigen? Wenn ihr MU bringt, dann ist das recht und gut, aber nicht, wenn ihr es von Jōshū (778–817) nehmt[1]. Besitzt ein Hund Buddha-Natur?

Shishō wusste keine Antwort.
Hōgen fragte: »Wischst du die Myriaden Formen einfach weg?«
»Nein«.

Natürlich nicht. Die beiden können nicht voneinander getrennt werden. Man kann sie nicht wegwischen. Auf der andern Seite bringt ein Nein nicht das Ganze zum Ausdruck, Wegwischen und Belassen.

Hōgen fuhr fort: »So ist deine Auffassung von den Myriaden Formen in einem einzigen offenkundig dualistisch geprägt«.
Shishōs Brüder im Dharma riefen: »Wisch sie weg!«
Hōgen überstieg diese Antworten: »Manzō shichū dokuroshin – NI!«

---

[1] Das Kōan *Jōshūs Hund* ist das erste Beispiel in *Mumons torlose Schranke*: Ein Mönch fragte Jōshū: Hat ein Hund Buddha-Natur oder nicht? Jōshū sagte: MU!

Welchen Unterschied gibt es zwischen NI, MU und dem HO, das wir während unseres Gehens in Meditation, jap. *kinhin*, rufen? HO, NI und MU sind Bezeichnungen für etwas, das man nicht benennen kann, das aber doch zum Ausdruck kommen muss. Sie entsprechen dem *Boinn...!* des Gongs, dem Klopfen meines Fächers auf dem Pult: *Tack!*

Wenn sich das alles klärt, wisst ihr, dass auch ein Räuspern, eine Bewegung, das Prasseln des Regens MU und NI sind.

In Myriaden von Formen
offenbart sich ein einziges.

WER IST JENER EINE?

Das *kōan* ist eine Bekundung des Buddhas-Wesens zu einem bestimmten Zeitpunkt, an einem bestimmten Ort, unter bestimmten Umständen. Treten in den Berichten auch verschiedene Persönlichkeiten auf und äussern sich auf ihre eigene Art und Weise, geht es doch jedesmal um die Buddha-Natur. Auch im folgenden Gespräch zwischen Goso Hōen und Engo Kokugon. Goso Hōen (1024–1104) nennen wir, wenn wir im *Tedai Denpō* die Namen der Patriarchen aufzählen. Zen-Meister Engo Kokugon (1063–1135), der die Sammlung von Kōan in der *Niederschrift von der smaragdenen Felswand* zusammenstellte, war Goso Hōens Nachfolger im Dharma. Diese Beziehungen zwischen Lehrern und Schülern mögen einigen von euch nicht viel bedeuten, doch sind sie von Geheimnis umwobene, kostbare Beziehungen im Dharma.

Mumons torlose Schranke
Fünfundvierzigstes Beispiel

HŌENS »WER IST JENER EINE«?

Meister Goso Hōen sagte: »Sogar Shākyamuni Buddha und der Bodhisattwa Maitreya dienen jenem Einen. Sagt, wer ist jener Eine?«

Shākyamuni Buddha ist der Gründer des »Buddhismus«. Der Bodhisattwa Maitreya, der künftige Buddha, entspricht dem Messias in der jüdischen Überlieferung. Beide, Shākyamuni und Maitreya, und alle Patriarchen dienten jenem Einen. Wer ist es? Was ist es? Wir nennen es MU. Viele von euch arbeiten mit diesem MU. Mumon kommentiert es im vierundvierzigsten Beispiel seiner Sammlung unübertrefflich:

Mit seiner Hilfe waten wir durch den Fluss, wenn die Brücke eingestürzt ist. In seiner Begleitung kehren wir in einer mondlosen Nacht ins Dorf zurück.

Mit seiner Hilfe... Inzwischen haben alle gemerkt, was es ist. Die Buddha-Natur. Aber sie ist äusserst schwer zu fassen, sie entwischt, sie entzieht sich jedem Versuch einer Festlegung.

Buddha-Natur, MU, hilft dir, den Fluss zu durchqueren, wenn die Brücke eingestürzt ist. Der Lebensweg des Menschen ist eine Pilgerreise. Wir sind Pilger, und auf unserem Weg kommen wir an Bergen, Hügeln, Feldern, Wüsten und Flüssen vorbei. Mit anderen Worten: an Ängsten, Enttäuschungen, Ratlosigkeit, Tod, Trennung, Krankheit, Ungewissheit – eingestürzten Brücken, ob es uns passt oder nicht. ES hilft uns, MU hilft, das durchdringende Erfassen von MU hilft, den Fluss zu durchqueren, wenn die Brücke weg ist. Was oft genug vorkommt.

Nur selten können wir den Fluss auf einer unversehrten Brücke überschreiten, in drei von tausend Fällen. Von tausend Dingen, die wir unternehmen, glücken nur drei, sagt ein japanisches Sprichwort. Es nennt einen Durchschnittswert. Unersättlich, wie wir sind, verlangen wir, dass uns vier von fünf gelingen. Wenn es nicht so kommt, fühlen wir uns unzufrieden und werden wütend. Wenn ihr auf eurer inneren Reise tausend Brücken überqueren müsst, werden nur gerade drei nicht von Hindernissen verstellt sein. Wenn wir die Sache so sehen, werden wir dankbar, genügsam und finden keinen Anlass zu Klagen. Immer wenn etwas schiefgeht, können wir uns sagen: Aha, das war jetzt eine von den 997.

Mit seiner Hilfe waten wir durch den Fluss, wenn die Brücke eingestürzt ist.

MU hilft. Die Einsicht, das Erfassen des Buddha-Wesens hilft. Das geheimnisvolle MU hilft.

In seiner Begleitung kehren wir ins Dorf zurück in einer mondlosen Nacht.

In einer schwarzen Nacht geleitet uns MU. Es begleitet uns immer, doch besonders dann, wenn wir in unser Dorf heimkehren. Es weist uns die Richtung, wie eine Taschenlampe.
Als Zen-Meister Goso Hōen fragte:

»Sagt, wer ist jener Eine?«

stand einer der Mönche auf und gab zur Antwort:

»Hans, Fritz, Klara, Ruth.«
Goso antwortete: »Gut.«
Später bemerkte Zen-Meister Engo Kokugon: »Meiner Meinung nach solltest du vorsichtiger sein, wenn du eine Antwort bestätigst.«
Goso sagte: »Einverstanden.«
Am folgenden Tag kam derselbe Mönch zum Zwiegespräch mit dem Meister, zum Dokusan.
Goso stellte ihm dieselbe Frage.
Der Mönch antwortete: »Wie ich schon gestern sagte, Hans und Fritz und Klara und Ruth.«
Goso winkte ab: »Nein, nein!«
Der Mönch: »Gestern habt Ihr doch zugestimmt.«
Goso: »Gestern habe ich zugestimmt, heute sage ich nein.«
Als der Mönch dies Nein vernahm, begriff er DIES vollkommen.

Wenn ihr DIES klar erkannt habt, dann fühlt ihr euch, wie wenn ihr eurem Vater auf der Bahnhofstrasse begegnetet. Keine Frage, ob er es ist oder nicht.
Wie anstrengend Zazen sein mag, wie schwierig auch immer, ich kann mir ein Leben, die Pilgerreise, ohne Zazen nicht vorstellen.

UNMERKLICH FEINE EINWIRKUNGEN

Ich möchte euch etwas im Zusammenhang mit Zen-Meister Yamamoto Gempo (1865–1961) erzählen. Es geht um einen Priester des Zen mit Namen Matsubara, und die Bezeichnung, die ihm am nächsten kommt, ist Prediger. Er war ein vorzüglicher Redner. Er begleitete Meister Gempo häufig und »predigte« bei verschiedenen Zusammenkünften, aber nicht während Sesshin.

Eines Tages konnte Meister Gempo dem Vortrag nicht beiwohnen. Es herrschte miserables Wetter, und obwohl der Anlass lange im voraus angekündigt worden war, kamen nicht so viele Zuhörer, wie der Tempel erwartet hatte. Es fanden sich gerade drei Gäste ein. Matsubara, der Prediger, redete aber, als ob zwei- oder dreihundert Zuhörer den Saal füllten.

Als sie sich später wieder trafen, sprach ihn Meister Gempo darauf an. »Mein *Inji*, mein Assistent, berichtet mir, dass wegen des Sturms nur drei Zuhörer kamen; trotzdem habest du wie vor einem vollen Saal gesprochen. Es nimmt mich wunder, ob du gleich vorgetragen hättest, wenn nur einer gekommen wäre.«

»Versteht sich.«

»Und wenn nun niemand gekommen wäre, was dann?«

»Dann hätte ich nicht gesprochen«, antwortete Prediger Matsubara. Da tadelte ihn Meister Gempo:

»Welch verwerfliche Einstellung. Übst du Zazen nur im Beisein deiner Freunde? Bringst du es nicht fertig, für dich allein zu sitzen?«

»Doch.«

»Sagst du den *Nembutsu* auf, bloss weil jemand neben dir Namu Amida Butsu rezitiert? Wenn du allein bist nicht?«

»Natürlich.«

»Nun denn«, sagte Meister Gempo, »selbst wenn kein Mensch erscheint, hören die Säulen zu, lauscht der Fussboden.«

In dasselbe Kapitel gehört, was von der *Koto*, der japanischen Laute, erzählt wird. Eine Koto wird aus dem Holz der Paulownia gefertigt. Es handelt sich um ein weiches Holz, und nur dieses eignet sich dafür. Ein Kotobauer wird nach dem besten Paulownia-Holz suchen. Das, so heisst es, finde sich tief in den Bergwäldern, in der Nähe von Tempeln, von wo es den Klang des Abendgongs vernimmt.

Uns Materialisten fällt es schwer, an diese feinsten Einwirkungen zu glauben. Wenn ihr während der Andacht am Morgen unachtsam seid, die Seiten des Sutrabuches geräuschvoll umdreht, ja, den Beginn der Andacht durch eure Unpünktlichkeit verzögert, dann ist das eure Predigt vom Unterbrechen: Wegen einer Person, die um eine Sekunde zu spät kommt, sind etwa vierzig Leute zu spät dran.

Diese Art der Übung, Gewahrsein feinster Durchdringungen, will begriffen sein, sonst bringen auch viele Jahre Zazen rein gar nichts. Es bedarf ganz einfacher Dinge. Rinzais Mentalität! Benutzt eure Augen, Ohren, Nase, Zunge und vor allem euren Verstand!

Verantwortungsbewusstsein ist alles.

TOT UND DENNOCH LEBENDIG

Das feinste Einwirken der Buddha-Natur findet vor unseren Augen statt, bleibt den meisten Menschen auf der Erde jedoch verborgen, und diese Erfahrung entgeht ihnen. Man könnte sagen, dass man durch Zazen übt, die Türe aufzustossen, damit jeder des subtilen und »köstlichen« Geschmacks der Buddha-Natur teilhaftig werde.

Von Zeit zu Zeit führe ich die alten Patriarchen an, Zen-Meister Shuzan Shōnen (926–993) zum Beispiel, und ich zitiere die modernen Patriarchen wie die Zen-Meister Gempo, Yasutani (1885–1973), Nyōgen Senzaki (1876–1958) und Nakagawa Sōen. Und dann wieder dienen Menschen wie ihr und ich als Beispiel. Natürlich geht es mir wie schon im vorangehenden um nichts anderes, als um die fein wirkende Buddha-Natur.

*

Shuzan Shōnen versah im Tempel von Zen-Meister Fuketsu Enshō (896–973) das Amt des *Shikaryō*, des Mönchs mit dem höchsten Rang im Tempel. Ihm oblag die Verwaltung, ein verantwortungsvoller Posten im Kloster von Meister Fuketsu Enshō. Eines Tages während der gemeinsamen Arbeit brach Fuketsu plötzlich in Weinen aus. Der Shikaryō erkundigte sich besorgt nach dem Grund. Fuketsu antwortete: »Nach Shākyamuni Buddha ist der Buddha-Dharma bis auf den heutigen Tag weitergegeben worden. In unserer Zeit wissen allerdings nur noch eine Handvoll Menschen die Schönheit der Buddha-Natur zu schätzen. Seit Rinzai Gigen sind schon vier Generationen vergangen, und Rinzais einst kraftvolle Nachwirkung wird mit jedem Tag schwächer. Deshalb mache ich mir grosse Sorgen um die Zukunft des Buddha-Dharma.« Der Tempelvorsteher sah die Tränen und fragte bewegt: »Gibt es etwas, was ich tun kann?« »Ja. Ich zähle fest auf dich. Doch übst du nicht oft genug

Zazen.« Shuzan versprach: »Von nun an will ich mein Leben ganz dem Dharma widmen.«

Das gefällt mir. Was meint er damit, dass er sein Leben in den Dienst des Dharma stellen wolle? Viele von euch suchen nach etwas, das den Einsatz lohnt. Sie sehen sich dies und jenes wie in einer Schaufensterauslage an, können sich aber zu nichts entschliessen, weil sie nichts finden, von dem sie sagen könnten: Das ist's!

»Ist es mein Beruf wirklich wert?« zerbrecht ihr euch den Kopf. »Gibt es eine Gewähr für Kenshō, Erleuchtung? Ich weiss nicht, ich habe Vorbehalte...«

Eigentlich funktioniert es ja anders herum. Ohne Fleiss kein Preis, ohne euren Einsatz wird nichts geschehen. »Ja, aber wie soll ich erkennen, wofür es sich lohnt?« fragt ihr.

Hier gehen die Überlegungen des Holzkopfs und die Logik der Buddha-Natur verschiedene Wege. Wenn wir uns erst einmal dem Dharma hingegeben haben, wird sich der Dharma auch uns geben. So verhält es sich mit der Buddha-Natur. Die Teilnahme an hundert mal tausend Sesshin verbürgt keinen Durchbruch zu wahrer Erkenntnis. Zwar werdet ihr es vielleicht wunderbar weit im Gesang bringen. Mag sein, niemand wird den Gong so gefühlvoll schlagen wie ihr. Eure Haltung beim Meditieren kann Vergleichen mit einer Buddhastatue standhalten. Was aber die Erfahrung und Verwirklichung des Buddha-Wesens angeht, wird sich nichts tun ohne eure rückhaltlose Verpflichtung, ohne Hingabe, ohne euer hundertprozentiges MU. Ohne eure felsenfeste Überzeugung schon vom allerersten Sesshin an. MU!

Shuzan versprach seinem Lehrer:

Von nun an will ich mein Leben ganz dem Dharma widmen.

❋

Shikai yori
Haiidete haru no
Mi no shizuku.

Ich krabble aus dem Toten Meer an Land
Frühlingswasser perlt
Von meinem Körper.

Nakagawa Sōen

Manchmal hänge ich links vom Altar eine Schriftrolle auf. Rōshi Sōen hat darauf ein Gedicht verfasst.

Es lautet:

Shikai yori
Haiidete haru no
Mi nó shizuku.

Ich krabble aus dem Toten Meer an Land
Frühlingswasser perlt
Von meinem Körper.

Als unvoreingenommene Betrachter könnte bei euch der Eindruck entstehen, Meister Sōen sei eines Tages während einer Reise nach Jerusalem am Ufer des Toten Meers gestanden. Es war Frühling. Er habe seine Kleider abgestreift und sei im Meer schwimmen gegangen. Als er wieder an Land stieg, und bevor er sich anschickte, eine Dusche zu nehmen, habe sein Körper im Licht der Frühlingssonne vom Frühlingswasser geglänzt.

Ja. So war es auch.

Höchstes Vergnügen bereitet es allerdings erst, wenn ein Haiku auf seinen geistigen Hintergrund hin gelesen wird. Das Tote Meer liegt nicht bloss in Israel, euer Sitzkissen ist's. Ihr hingegen werdet noch nicht einmal davon benetzt. Ihr seid noch weit davon entfernt, euch im Toten Meer treiben zu lassen. Ihr fürchtet euch davor hineinzusteigen. Ein paradiesisches Meer wäre euch lieber.

Totes Meer. Wenn ihr hineinsteigt, gibt es weder Angst noch Widerstände, weder Hoffnung noch Berechnung, keine Bewertungen, kein richtig oder falsch. Totes Meer! Nach Totsein folgt Krabbeln. Unübertrefflich ist das formuliert: krabbeln. Und dann Frühlingssonne. Perlendes Wasser. Gleissendes Licht.

Atta dipa
Virahatha

Atta sarana
Annana sarana.

Ruhe in dir! Du bist das Licht selbst. Vertraue auf dich selbst...[1]

Das Haiku ist eines von Nakagawa Sōens Meisterwerken. Aus dem Tod, dem Zustand des Todes, dem Zazen-Tod krabble ich heraus. Mein Körper und Geist: gleissendes Frühlingslicht, perlendes Wasser.

Was ebenfalls mitschwingt, ist dies: Ihr könnt die Augen offenhalten oder schliessen, die Hände in dieses oder jenes *Mudrā* falten, es kommt gar nicht darauf an. Es sei denn, dass ihr euch ins Tote Meer stürzt, in den Zazen-Tod – nicht in eine Gruft, in der kein Leben herrscht, sondern in ein sehr vitales Totsein.

Was zählt, ist das Zentrum, euer Hara. Steigt in diesen Tod, wo es weder Bevorzugungen noch Erwartungen, weder Körper noch Geist, wo es keine Gefühle, ja nicht einmal MU gibt. Nichts, einfach nichts.

Krabbelt dann heraus und findet euch ganz woanders wieder, wo ihr in den Genuss des köstlichen Geschmacks der Buddha-Natur kommt und das Leben unerhört spannend sein kann.

Ich krabble aus dem Toten Meer an Land
Frühlingswasser perlt
Von meinem Körper.

Wir müssen wie gesagt anstatt hinaus- vorerst einmal ins Tote Meer hineinkrabbeln, in diesen Tod voller Leben, in das völlige Dunkel.

---

[1] Pāli-Vers, der von Shākyamuni stammen soll. Mit ihm beginnt die morgendliche Andacht.

»Junge Mönche«,

sprach Hakuin (1685–1768),

»wenn ihr wahrhaftig auf dem Kissen sterbt und erfahrt, was jenseits von Geburt und Tod liegt, werdet ihr nie wieder sterben«.

OHNE AUSGEPRÄGTE GESTALT

Euer Leib, der sich aus den vier grossen Elementen zusammensetzt, kann den Dharma weder darlegen noch anhören; euer Magen, eure Milz, Leber und Gallenblase können den Dharma weder darlegen noch anhören...

Aufzeichnungen von Rinzai
Reden, zehntes Beispiel

Es ist ein gewichtiges Thema, das Thema von Leib und Geist. Ihr alle kennt wohl den deutschen Mystiker Meister Eckhart (1260–1328). Seine Werke verdienten den Titel *Eckhart-Roku*. Wenn wir Eckhart lesen, wird uns gleich klar, dass er die Wahrheit spricht. Er predigte nicht aus einer Anhäufung von Wissen heraus, sondern kraft seiner sogenannt mystischen Erfahrung. Er war mit Sicherheit ein tief erleuchteter Mensch.

Selbst Meister Eckhart erwähnt indessen mit keinem Wort den Leib. Er spricht nicht darüber, wie man sitzen soll, nicht über Haltung, Atem, Versenkung.

In diesem unterscheidet sich der Zen-Buddhismus recht deutlich von Eckhart, wenn auch in den *Aufzeichnungen von Rinzai* ebenfalls nichts darüber geschrieben steht, wie man Zazen üben soll. Doch von Zeit zu Zeit wird auf den Leib hingewiesen, wie im Zitat oben, wir betrachten Körper und Geist als untrennbar und gleich unerlässlich. Zu Beginn des Zen-Wegs heisst es, die Haltung beim Sitzen, das Umgehen in Ruhe, der geregelte Atem – und neuerdings Yoga-Übungen – führten zur »mystischen Erfahrung« hin. Ich persönlich mag diese Formulierung allerdings nicht. Mir scheinen »wahrhaftes Verständnis« oder »echte Einsicht« passendere Ausdrücke.

Obschon also der Leib wichtig ist,

I DIE FEINHEITEN DER BUDDHA-NATUR

können Magen, Milz, Leber oder Gallenblase den Dharma weder darlegen noch anhören...

Ebensowenig Herz, Nieren, Gehirn, Muskeln, Knochen. Ihr mögt einwenden, dass ihr den Dharma mit eurer Zunge darlegt und mit euren Ohren vernehmt. Das heisst, den Standpunkt des Holzkopfs einnehmen. Es zeugt nicht von tiefer Einsicht.
Zen-Meister Rinzai fährt fort:

...der leere Himmel kann den Dharma weder darlegen noch anhören. Was kann den Dharma denn darlegen und anhören? Das nämliche Du, das vor mir steht, ohne Gestalt, nichts als Glanz – es kann den Dharma darlegen und vernehmen.

Nach der Auffassung von Holzköpfen besitzen wir eine Gestalt. Jahrelang hat man uns eingeredet, dass diese spezifische Gestalt »Ich«, »man selbst« sei. Wir hängen daran, fürchten gar, uns zu verlieren. Das wahre Selbst ist weder diese Gestalt, noch hat es sie. Es ist gestaltlos. Da tauchen die Schwierigkeiten auf.

Das nämliche Du, das vor mir steht,
ohne Gestalt, nichts als Glanz –

gestaltlos. Deshalb kann es jede Form annehmen, je nach karmischer Fügung. Durch karmische Verknüpfung habe ich im Augenblick vorläufig meine Gestalt. Eine Form, die in ständiger Umformung begriffen ist. Nach soundso vielen Jahren werde ich zu Asche werden, was das Annehmen einer wieder anderen Gestalt bedeutet.
Ihr mögt noch so gut aussehen, wenn ihr euren Leib als Form betrachtet, dann geht davon nicht wahrer Glanz aus, wie sehr ihr auch zu glänzen sucht.

Versteh dies, und du unterscheidest dich in nichts von einem Buddha-Patriarchen.

Ihr unterscheidet euch nicht von einem der zahlreichen Bodhisattwas. Wenn ihr es **nicht** so auffasst, dann seid ihr selbst mit einem Doktortitel alles andere als ein Buddha-Patriarch. Abgesehen davon könnt ihr weder wahren Gleichmut, wahren Seelenfrieden noch unerschütterliche Gemütsruhe erreichen.

Uns mag nach diesem oder jenem verlangen – der Habgier sind keine Grenzen gesetzt. Letztlich ist es aber dies, was wir wirklich wünschen:

Das nämliche Du, das vor mir steht, ohne Gestalt, nichts als Glanz – es kann den Dharma darlegen und vernehmen. Versteh dies, und du unterscheidest dich in nichts von einem Buddha-Patriarchen.

Nach diesem Verständnis verlangt uns doch alle. Wenn ihr es erkennt, besitzt ihr echte Einsicht.

MU MACHT MAX

Einer der wichtigsten Leitsätze des Buddhismus lautet japanisch: *inga munin*. Munin bedeutet »keine Person«. Es existiert keine Person, nur das Karma, Inga, wirkt. Gewöhnlich sieht man diese Wahrheit von der andern Seite aus, der persönlichen. Er oder sie existiert als Person mit einem eigenen *Karma*. Das ist nicht ganz falsch, aber nur die halbe Wahrheit. Die andere Hälfte übersieht man.

Ihr habt das *Diamantsutra* schon oft angehört; erlaubt mir dennoch, euch einen Abschnitt daraus vorzulegen. Konzentriert euch darauf.

> *Buddha sprach:* »*Subhūti, Bodhisattwas sollten ihre Gedanken auf folgendes ausrichten. Alle Lebewesen, ob aus einem Ei oder einem Schoss geboren, ob aus Feuchtigkeit entstanden oder aus sich selbst heraus; ob im Zustand des Denkens oder der Notwendigkeit des Denkens enthoben oder gänzlich jenseits vom Reich der Gedanken – sie alle werden von mir dazu veranlasst, das vollkommen befreiende Nirwana zu erfahren. Obgleich nun unzählige Wesen zu befreien wären, gibt es in Wahrheit kein einziges Wesen zu befreien. Wieso ist das so, Subhūti? Weil ein Bodhisattwa, der an der Vorstellung von einem Ich, von einer Persönlichkeit, einem Lebewesen oder Individuum festhält, kein echter Bodhisattwa, kein Erleuchteter ist*«.
>
> Diamantsutra, dritter Abschnitt

Normalerweise machen wir uns eine Vorstellung von einem individuellen Lebewesen. Da gab es einen Zen-Meister, Nakagawa Sōen. Er besass ein Ich, eine besondere, ausgefallene Persönlichkeit. Er war ein Japaner. Heute lebt dieses Individuum nicht mehr. So denken wir. Das ist ein Bild, das auf dem Kopf steht. Der Gesichtswinkel eines Holzkopfs. Damit diese verkehrte Ansicht sich auflöst, üben wir Zazen. Wahrlich, es gibt keinen Unterschied, keine Trennwand zwischen einem Menschen namens A und einem namens B oder zwischen dem Zustand sogenannten Lebens und dem sogenannten Gestorbenseins. Wird dies erfasst, erkennen wir die fehlende Hälfte der Wahrheit und bekommen das vollständige Bild.

So gesehen ist es falsch, wenn ihr sagt: Mein Name ist Max, ich bin daran, MU zu üben.

Es sollte heissen: MU tut MU. Oder, MU macht Max.

VERGÄNGLICHKEIT

Im *Diamantsutra* heisst es, es sei weit verdienstlicher, auch nur einen Vierzeiler dieses *Sūtra* zu begreifen – aufzunehmen, zu erklären und darzulegen –, als eine unermessliche Menge der sieben Schätze zur Schenkung zu machen.

In welchem Geist soll er es andern erklären?
Indem er sich vom Schein abwendet zu den Dingen
Wie sie sind:

Alle zusammengesetzten Dinge sind wie ein Traum
Ein Phantasiegebilde, eine schillernde Blase und ein Schatten
Sind wie ein Tropfen Tau und die Spur des Blitzes
Auf diese Art soll man sie betrachten[1].

Diamantsutra, zweiunddreissigster Abschnitt

Während des Zazen sich diese wenigen Verse wieder und wieder vorzunehmen, das wäre bereits ein Mittel, DIES zu durchdringen.

Wir sollten ein wenig eingehender über die Vergänglichkeit nachdenken, die im *Diamantsutra* derart poetisch zum Ausdruck kommt. Den Anfang muss dabei die Beschäftigung mit unserer Bedingtheit machen. Das Wesentliche des *Weisheitssutra [Herzsutra]* lässt sich wie folgt zusammenfassen:

Alles entsteht durch kausale Bedingtheit. Aus diesem Grund

---

[1] In einer im Original zitierten englischen Übersetzung lautet dies:

Thus shall ye think of all this fleeting world:
A star at dawn, a bubble in a stream;
A flash of lightning in a summer cloud,
A flickering lamp, a phantom, and a dream.

besitzen die Phänomene keine Eigennatur. Weil keines der Phänomene wesenhaft ist, gibt es weder ein Kommen noch ein Gehen, weder Gewinn noch Verlust. Demgemäss heisst man es Shūnyatā, Leerheit.

Gerade während des Sitzens nehmen wir das Auftauchen und Verschwinden von allerlei Erscheinungen wahr. Ich ziehe mir zum Beispiel eine Erkältung zu. Das ist ein Phänomen. Wieso kriege ich einen Schnupfen? Mehrere Gründe können genannt werden. Trotzdem bleibt es beim »Warum?« Es läuft darauf hinaus, dass es für dieses Phänomen eine Ursache gibt. Eine Ursache ging aus einer anderen hervor, aber der Anfang bleibt im Dunkeln.

Einen Schnupfen zu bekommen ist eine Erscheinung, der keine Eigennatur innewohnt.

... wie ein Traum, ein Phantasiegebilde, eine schillernde Blase und ein Schatten...

Auch nichts sogenannt Angenehmes besitzt eine Eigennatur. Ebensowenig Einsicht. Einsicht ist kein bleibendes Etwas. *Schnipp*, sie stellt sich ein. Hier und jetzt. Sie gilt jetzt, nicht gestern und höchstwahrscheinlich auch nicht morgen. Bloss hier und jetzt. Alle Erscheinungen, ob körperlicher Schmerz, aussergewöhnlich luzides Zazen oder Gefühlsregungen sind Phänomene, nicht Wesenheiten. Alle sind unbeständig.

Anders ausgedrückt: Jede Erscheinung hat weder Vorläufer, noch kennt sie Wiederholungen. Gleiches geschieht, aber nie dasselbe. Die Ähnlichkeit verleitet uns dazu, es für dasselbe zu halten.

Alle Dinge sind wie ein Traum
Ein Phantasiegebilde...

Sie existieren zwar, aber man kann ihrer nicht habhaft werden. Wie Dunst,

... wie ein Tropfen Tau und die Spur eines Blitzes ...

Auf diese Art sollst du dir die flüchtige Welt denken. Der Ausdruck »flüchtige Welt« ist aus der Mode gekommen. Doch haben wir Zeitgenossen in letzter Zeit etwa die Umwälzungen in Osteuropa mitverfolgen können. Diese Welt ist flüchtig, eine flüchtige Erscheinung, nicht etwas Beständiges – wenn ihr so denken könnt, dann ändert sich eure Anschauungsweise.

... eine schillernde Blase inmitten des Stroms ...

Als Erscheinung fassbar und im nächsten Augenblick verflossen.

In Hakuin Zenjis *Ermahnungen* zum fünften Tag des *Rōhatsu-Sesshin* wird die Geschichte Heishirōs vorgelegt:

> *Er meisselte einen Steinbuddha und stellte ihn tief im Gebirge bei einem Wasserfall auf. Dann setzte er sich an den Teich am Fuss des Wasserfalls. Er bemerkte eine Vielzahl von Blasen in der Strömung. Einige der Blasen platzten, kurz nachdem sie auf den Teich aufgetroffen waren, und andere verschwanden erst, nachdem sie einige Meter dahingetrieben waren. Während er sie so betrachtete, wurde er, gemäss seinem Karma, der Vergänglichkeit des Lebens gewahr. Er erkannte, dass alle Phänomene, ob gut oder schlecht, nur wie Luftblasen auf dem Wasser sind. Die Wucht dieser Erkenntnis liess ihn fühlen, wie wertlos es war, nur in den Tag hinein zu leben, ohne das Geheimnis des Lebens zu verstehen*[1].

Die Beeindruckung durch das Erlebnis der Vergänglichkeit wirkte nachhaltig in ihm weiter. Er ging nach Hause, sperrte die Tür

---

[1] Übersetzung von Sabine Reinhardt, in: Eidō Shimano, Der Weg der wolkenlosen Klarheit, S. 233

zu, setzte sich hin und machte Zazen. Sein Zazen war von Natur aus derart stark, dass ihm innerhalb weniger Tage, die er zubrachte, ohne zu essen oder zu schlafen, DIES aufging.

Der Bericht sollte euch inspirieren. Auch ohne *Diamantsutra* weiss jeder, dass diese Welt flüchtig ist. Ein Stern am Morgenhimmel, eine Luftblase in einem Bach sind vergänglich. Die Spur des Blitzes während eines Sommergewitters besitzt keine Eigennatur. Eine flackernde Kerze, ein Phantasiegebilde, ein Traum. Das ist unsre Welt.

Es fällt mir dazu ein, dass wir beim Sitzen im Zendō zwar keine Wasserblasen beobachten können, aber wir nehmen das Morgengrauen oder die Dämmerung am Abend wahr, den aufkommenden Wind oder das Verhallen des Gongs. Wenn wir dieser wechselhaften, flüchtigen Erscheinungen wirklich gewahr werden, und sei es auch nur kurz, dann ist Unbestand mehr als nur ein Wort. Er erwacht zum Leben.

Denn in der Tat, Vergänglichkeit i s t Buddha-Natur.

ZWEITER TEIL
MEHRUNG

Einleitung 53
Charisma 54
Wenn die Zeit reif ist 56
»Unkompliziert und offen« 58
Anteilnahme 59
Schluck die Arznei! 61
Eine dicke Wolke 64
Dank 65
Fünf Freuden im Dharma 66
Vernichte Verneinen! 68
Die Gebote 69
Schritt vor Schritt 74
Die vier Elemente und Du 78
Ausschöpfen der Vierfachen Weisheit 82

EINLEITUNG

Lernende können angeleitet werden, sie dürfen aber nicht an die Lehrenden gebunden werden.

Meine Hoffnung ist, dass sie ungehindert wachsen und sich in Übereinstimmung mit ihrem jeweiligen Dasein verändern können, ohne von den Lehrern eingeschränkt zu werden oder von ihnen abzuhängen.

Diese nicht abbrechende Entwicklung – anfangslos und endlos – erfordert viel Geduld auf beiden Seiten.

CHARISMA

Nachdem er unter der Anleitung von Ōbaku Kiun (gest. 850) zu ungetrübter Erkenntnis gelangt war, begab sich Rinzai, der später ein bekannter chinesischer Zen-Meister werden sollte, auf Wanderschaft, die ihn weit ins Land zu verschiedenen Meistern führte.

Im Kloster von Ryūkō trat er mit der Frage vor den Meister: »Wie kann man im Kampf siegen, ohne das Schwert zu zücken?«

Aufzeichnungen von Rinzai
Pilgerreisen, elftes Beispiel

Wie kann man überzeugen, ohne ein Wort zu sagen? Dazu die folgende Geschichte. In Kyōto liegt das Kloster Myōshin-ji. Die riesige Anlage besteht aus neunundvierzig kleineren Tempeln. Der Abt wird alle paar Jahre neu bestellt. Ein- bis zweimal im Monat bietet er den Priestern aller Tempel den Dharma dar. Einst herrschte eine neue Mode: Mönche und Priester rasierten sich zwar den Kopf kahl, liessen aber einen Schnurrbart stehen. Jeder neue Abt hielt sie deshalb an: »Rasiert euren Schnurrbart ab!« Aus irgendeinem Grund hörten sie nicht auf ihn. Eines Tages trat wieder ein neuer Abt sein Amt an, Kōgenshitsu Toyoda Dokutan (840–917). Alle Mönche versammelten sich in der Halle, mit geschorenem Kopf, aber mit Schnurrbart, und der Abt gab traditionsgemäss sein Teishō. Doch statt zu verlangen, dass sie unverzüglich ihren Schnurrbart abrasierten, stellte er bloss kaum hörbar fest: »Derzeit trägt jeder Mönch im Myōshin-ji einen Schnurrbart.«

Bis zum folgenden Morgen waren alle glattrasiert.

Das soll uns zum Nachdenken anregen. Offenbar kommt es weder darauf an, was noch wie es gesagt wird. Vielmehr darauf, wer es sagt. Wenn einem niemand zuhört oder gehorcht, ist das kein

Grund, aufgebracht zu sein. Ein Japaner würde sich in einem solchen Fall sagen: »Ich muss es meiner eigenen Unvollkommenheit zuschreiben, wenn niemand auf mich hört.« In Meister Dokutans Fall bewirkte sein Charisma, die Gabe, in den Mitmenschen Zuneigung und Respekt hervorzurufen, jap. *toku*, dass die Leute den Schnurrbart abrasierten, ohne sich miteinander abgesprochen zu haben! Also ist der entscheidende Punkt, nicht in Aufregung zu geraten! Wenn ihr bereit seid, und wenn die Zeit reif ist, werden sich die Dinge in eurem Sinn entwickeln.

Wie kann man andere überzeugen, ohne ein Wort zu sprechen? Wie kann man eine Auseinandersetzung gewinnen, ohne zu streiten? Die Episode von Meister Dokutan ist ein gutes Beispiel dafür.

Meister Rinzai sagte:

Wie kann man im Kampf siegen, ohne das Schwert zu zücken?

Besonders heute, und gerade in Amerika, fällt das Verständnis dafür schwer, trotz des Sprichworts: *Reden ist Silber, Schweigen ist Gold.* Man hält Worte für unentbehrlich und Schweigen für ein Zeichen von Unverstand.

Wie kann man »gewinnen«, wie kann man andere überzeugen, ohne ein Wort – oder höchstens ein paar wenige Wörter – zu sprechen?

Das ist ein wunderbares Kōan, über das wir alle tief nachdenken sollten.

WENN DIE ZEIT REIF IST

Es gibt einen Grundgedanken, für den ich mich des Ausdrucks »Reife der Zeit« bediene.

Wir können nicht wissen, zu welchem Zeitpunkt etwas eintreten wird; doch wenn es geschieht, ist die Zeit reif.

Ja, Augenblick um Augenblick – nun, und nun – ist die Zeit reif.

Mag sein, dass es unmöglich ist festzustellen, wann sich ein Vorhaben in die Tat umzusetzen begann. Doch nahmen die Dinge ihren Lauf in der Reife der Zeit.

Relativ gesehen sind wir Leute, die sich an der Zeit orientieren. Wir wollen erfahren, wann etwas beginnt und wann es aufhört. Meister Dōgen Kigen (1200–1253) hielt auf derartige Fragen eine treffende Antwort bereit. Er empfahl, die Frage gar nicht erst zu stellen, weil man nicht darauf antworten könne. Die einzig mögliche Antwort sei: <u>vom Ursprung ohne Anfang</u> bis zum Ausgang ohne Ende.

Solange unser Zazen aber nicht tief und fest ist, befriedigt uns eine dermassen zweideutige Auskunft nicht. Wir sind darauf erpicht, Genaueres zu erfahren. Erst nach jahrelanger Übung von Zazen werden wir vermutlich bereit sein, die wahrheitsgemässe Erklärung zu akzeptieren: Vom Ursprung ohne Anfang bis zum Ausgang ohne Ende; wenn Buddha-Natur dafür reif ist, in der Reife der Zeit.

Im allgemeinen zeichnen sich die Menschen nicht gerade durch Festigkeit aus. Ziemlich habgierig und bequem sind wir, verwirrt, voller Ängste und Zweifel. Erst wenn wir Zeugen der Buddha-Natur geworden sind, sie selbst erspüren, erblicken und fühlen, weicht unsere Beklemmung. Der Grund für unser wachsendes Unbehagen liegt darin, dass wir nicht wissen, wer wir tatsächlich sind. Ist das einmal geklärt, nachdem wir das wahre Buddha-Wesen erkannt haben, können wir uns beruhigen. Wegen vergangener Angewohnheiten und des Karma mögen Habsucht, Eifersucht, Streitsucht und andere Belastungen anhalten, doch ein wesentliches Problem haben wir gelöst. Aus diesem Grund werden Shākyamuni Buddha und alle Patriarchen des Zen nicht müde zu betonen, wie wichtig die Erkenntnis des wahren Wesens ist.

Noch während ich spreche, hofft ihr, diese Erkenntnis werde sich heute nachmittag, spätestens heute abend oder wenigstens bis zum Ende des Sesshin einstellen. Vergesst aber nicht, was ich zuvor ausgeführt habe. Wenn ihr tatsächlich erfahren wollt, was Buddha-Natur wirklich bedeutet, müsst ihr die Reife der Zeit verstehen. Versteht ihr sie, nehmen vielerlei Bedrängnisse ab.

»UNKOMPLIZIERT UND OFFEN«

Es heisst von Rinzai, einem der siebenhundert Mönche im Kloster von Ōbaku, sein Benehmen sei »unkompliziert und offen« gewesen. Mit anderen Worten, er benahm sich unbefangen, entschieden und ohne Vorausberechnung; ausgesprochen natürlich, und ohne nach einer Belohnung zu schielen.

Die Menschen unserer Zeit kranken daran, ausgesprochen ängstlich und misstrauisch zu sein. Nur wenn eine Unternehmung ihre Zeit, Kraft und ihren Einsatz zu lohnen verspricht, handeln sie. Im Zen soll man ganz im Gegenteil einfältig werden. Ein einfacher Mensch hat keine Hintergedanken, ist nicht »schlau«. Er begehrt nichts, ist weder verklemmt noch frustriert. Er benimmt sich so, wie Rinzai beschrieben wird: »unkompliziert und offen«.

ANTEILNAHME

Der Besuch beim kranken Vimalakīrti fiel Manjushrī nicht leicht. Davon berichtet das *Sūtra der Lehre Vimalakīrtis*[1]. Vimalakīrti war recht streng, tiefgründig, wach und wissend. Vierzehn Bodhisattwas hatten einen Besuch bei ihm abgelehnt.

Manjushrī ist nicht der einzige, der wegen seiner Widerstände Probleme hat. Man kommt nicht voran, wenn man sich dagegen sträubt, eine schwierige Sache auf sich zu nehmen oder eine unangenehme Arbeit zu verrichten. Der Besuch bei einer leutseligen, unkomplizierten Person fällt allen leicht. Doch wächst man nicht daran. So begab sich dann Manjushrī auf Geheiss Buddhas zu Vimalakīrti.

Während ihres Gesprächs fragte Manjushrī Vimalakīrti, warum er krank geworden sei. Vimalakīrti gab die berühmt gewordene Antwort: »*Alle Lebewesen sind krank, deshalb bin ich krank.*«

Was hat es damit auf sich? Die meisten von euch denken: »Ich bin kräftig. Ich werde mich nicht erkälten; ich habe eine gute Verdauung. Mich erwischt's nicht; ich bin überhaupt nicht krank.« Nach buddhistischer Anschauung unterscheidet man zweierlei Krankheiten. Jene, die Körper und Gemüt befällt, und eine andere, die Habgier, Wut und Verblendung heisst. Habgier, Wut und Verblendung gelten als Anzeichen von Krankheit. Irrige Vorstellungen über das wahre Selbst sind eine Krankheit. Deshalb sind die Menschen krank. Das bewog Vimalakīrti zu seiner Antwort: »*Weil alle Lebewesen krank sind, bin ich krank.*«

Sōen Rōshi gab diesem Gedanken in einem Haiku Ausdruck:

---

[1] Vimalakīrti ist das Idealbild des Laien-Bodhisattwa; eine »Krankheit« verschafft ihm Gelegenheit zur Lehre. Manjushrī ist der Bodhisattwa der Weisheit.

Shiwasu kaze
Chikyū no itami ga
Waga itami.

Eisiger Dezemberwind
Das Leiden der Welt
Meine eigne Qual.

Vimalakīrti wusste, dass Manjushrī zuerst diese Krankheit erkennen musste, um danach das Wesen von Anteilnahme zu verstehen.

SCHLUCK DIE ARZNEI!

Shākyamuni Buddha, Bodhidharma (470–535) und auch Daikan Enō, der Sechste Patriarch (chin. Hui-neng, 638–713), waren selbstverständlich herausragende Persönlichkeiten. Kein Patriarch, der nicht wichtig wäre. Aber Rinzai Gigen Zenji gründete eine Schule, die sich nach ihm benennt, und das ist für uns von allererster Bedeutung.

Verglichen mit anderen Schulen zeichnen sich unsere Übungen durch besondere Strenge aus; doch unsere Anstrengungen schaffen eine solide Grundlage.

Das Goldene Zeitalter des chinesischen Chan-Buddhismus war die Zeit der Tang (618–907) und der Sung (960–1279). Die Lebenszeit Rinzais, chin. Linchi, lag dazwischen. Für den jungen Rinzai gilt, was sich von den meisten Patriarchen sagen lässt: er war blitzgescheit und aufrecht. Intellektuelle Brillanz und Ernsthaftigkeit gehören offenbar zu allen überragenden Lehrmeistern der Vergangenheit.

Rinzai studierte als erstes Allgemeine Philosophie des Buddhismus, unbestreitbar eine wichtige Materie. Doch gelangte er an einen Punkt, wo ihn Enttäuschung überkam. »Zwar macht es Sinn, doch was bringt's?« dachte er. »Es tönt ja gut, aber wohin führt es?« Zwar ging alles auf – zumindest scheinbar, doch Zweifel bedrückten ihn.

»Egal, wieviele Bücher ich durchgelesen habe, egal, wie klar mein Verständnis von buddhistischer Philosophie ist, egal, wie voll ich meinen Kopf mit Wissen und Zitaten von und über Buddha und die Bodhisattwas gestopft habe – ein Rest bleibt ungeklärt. Wie verhält es sich mit dem Alltag? Wohin mit den ganz gemeinen Gefühlen, dem alltäglichen Frust, dem Aufbrausen, dem Groll, den Begehrlichkeiten und all den kleineren und grösseren Problemen Tag für Tag? Die Buddhisten stellen fest, dass das Leben auf

Täuschung beruht. Die Annahme eines Selbst sei eine Illusion. Aber die Schmerzen beim Sitzen mit verschränkten Beinen kann man nicht wegreden, sie sind wirklich. Wenn ich mir selbst einen Klaps gebe, spüre ich das deutlich. Da komme mir niemand mit metaphysischer Existenz!«

Jeder von uns wird hindurch müssen durch dieses Auseinandergehen von dem, was wir in der Literatur über Buddhismus lesen, und dem, was uns offenbar tatsächlich ausmacht. Es will irgendwie nicht zusammenpassen.

Der Grund für Rinzais Fassungslosigkeit und Enttäuschung war ein Mangel an buddhistischer Praxis, jap. *gyō*, dem täglichen Brückenschlag zwischen Gedanken- und Erfahrungswelt. Mag es schmerzen, mag es euch sonstwie stressen, was immer ihr tut, es läuft auf Gyō hinaus. Es ist nicht ganz klar, wieso, aber ihr fühlt euch tatsächlich weniger frustriert, wenn ihr einfach tut, was euch aufgegeben ist. Um es kurz zu machen: Meiner Ansicht nach ist Buddhismus gleich Gyō, Anwendung, Tat.

So wechselte Rinzai sein Gewand, konvertierte von einer andern buddhistischen Schule zu der des Zen und machte sich auf die Pilgerreise zum Tempel von Meister Ōbaku, chin. Huang-po. Er hatte sich gesagt, dass intellektuelles Verstehen der Verschreibung des Arztes gleichkomme, nicht die Arznei selbst sei. Nun wollte er die Medizin auch einnehmen.

Und das ist es, was ihr, was wir hier tun, voll innerer Qualen, voller Verwirrungen, Widerstände, Schmerzen, Angstzuständen und Selbstmitleid. Wir schlucken die Arznei. Handeln ist alles. Nicht-Handeln bewegt nichts.

»Jetzt geb ich mich schon seit soundso vielen Jahren damit ab, und noch ist nichts geschehen«, höre ich. Unzählige Jahre übt ihr schon, nur ab und zu (in zunehmendem Ausmass) nicht. Selbst Shākyamuni mit seiner Motiviertheit und Ausdauer, gerade er, der doch ein religiöses Genie war, hielt nach seinem Entschluss sechs Jahre lang ohne »Ab-und-Zu« an Zazen fest.

Und wurde zu unser aller Wegbereiter. Allerdings begriff er sehr bald, dass Askese nirgendwohin führte, und wählte deshalb den *Mittleren Weg*.

Verliert nicht die Geduld! Gebt nicht auf, obwohl es Gründe dafür gäbe. Übt beharrlich. »Ich erkenne keinen Fortschritt. Was habe ich hier verloren? Ist das nicht Zeitverschwendung?«

Gemessen am unendlich langen Bestehen des Universums ist das eine enge Perspektive. Nichts geschieht umsonst. Ihr vergeudet keine Zeit.

EINE DICKE WOLKE

Gefühle kommen auf, Liebe und Hass, Eifersucht, Neid, Furcht, lauter Gefühle. Wir sind Wesen mit Gefühlen, kennen Bevorzugungen und Abneigungen. Rinzai stellt fest, dass die Weisheit durch Gefühle verstellt wird.

Heute ist ein prächtiger Tag, die Sonne scheint, der Himmel wölbt sich blau. Ein Tag voll Frieden. Ziehen die Gefühle auf, kommt mit ihnen eine dicke Wolke und verdunkelt die Welt. Kein Sonnenstrahl dringt durch. Die Weisheit wurde verdeckt.

Nach meiner Meinung hindert uns Rinzai nicht daran, zu fühlen oder zu denken. Er möchte aber, dass wir nicht zu Sklaven unserer Gefühle oder Gedanken werden.

Hier bietet sich Zazen an. Hier hilft MU. Hier wird alles eine Frage von Rückgrat und Durchhaltewillen. Zazen heisst Üben. Gefühle ziehen ab, tauchen wieder auf, vergehen. Ein natürlicher Vorgang. Seid euch bewusst, dass Gefühle vergänglich sind, und übt, euch nicht davon versklaven zu lassen. Andernfalls »*wandern die Menschen durch die drei Welten und müssen vielerlei Qualen erleiden*«.

Ihr habt genug von diesen Qualen und möchtet euch davon befreien. Nach Rinzai könnt ihr das Leiden vermeiden, wenn ihr euch nicht von Gefühlen gefangennehmen lasst.

DANK

Dankbarkeit zu empfinden und auszudrücken, das ist ein wichtiges Thema in unserer Lehre. Eine Wohltat mit Dank zu vergelten heisst im japanischen Buddhismus *hōon*. Ich möchte ein wenig auf dieses Thema eingehen.

Man kann nicht abgekapselt leben. Wir sind auf die Unterstützung durch andere Menschen angewiesen, wir benötigen Nahrungsmittel zum Essen, Sauerstoff zum Atmen, Wasser gegen den Durst, Feuer als Wärmespender, Freundinnen und Freunde... kurz, eine Menge. Umgekehrt verleihen wir allzu selten unserer Dankbarkeit Ausdruck dafür, dass diese Bedürfnisse befriedigt werden. Ihr werdet von euren Eltern unterstützt. Nicht das Wie, sondern die Tatsache, dass... ist ausschlaggebend. Kinder sollten sie durch ihre Dankbarkeit anerkennen. Ein Schüler sollte sich bis zu einem gewissen Grad dem Lehrer zu Dank verpflichtet fühlen.

Unter Umständen ist es für Kinder nicht möglich, ihren Eltern den Dank zu bezeigen, aber sie können ihren eigenen Kindern Pflege und Fürsorge zukommen lassen.

Auch Wind, Wasser, Nahrung gegenüber sollten wir uns dankbar verhalten. Nicht zufällig heisst die erste Zeile unseres Tischgebets:

Als erstes lasst uns an die Herkunft dieser Speise denken und an die Mühe derjenigen, die sie uns gegeben haben.

Ānanda gelobte:

Allen Wesen in den Myriaden Welten werde ich mit ganzem Herzen dienen.

Diese Worte widerspiegeln seine Dankbarkeit, Hōon.

FÜNF FREUDEN IM DHARMA

Der dreizehnte Schüler Buddhas, der im *Vimalakīrtisutra* aufgefordert wird, Vimalakīrti aufzusuchen, ist der Bodhisattwa Jisei. Vimalakīrti erscheint ihm und spricht über die fünf Freuden im Dharma.

Mit den Augen nehmen wir lieber etwas Schönes als etwas Hässliches wahr. Eine herrliche Aussicht oder ein schönes Gemälde. Mit den Ohren hören wir gerne reine Klänge, gute Musik. Wir geniessen, mit der Nase feine Düfte zu riechen, etwa den Duft von Räucherstäbchen. Der Körper begehrt Schönes, Angenehmes, Genussvolles[1].

Demgegenüber berichtete Vimalakīrti dem Bodhisattwa Jisei, es gebe fünf Freuden oder Annehmlichkeiten des Dharma[2].

Die erste besteht im Glauben an Buddha, zeitgemäss ausgedrückt im Vertrauen auf unser Buddha-Wesen.

Die zweite im Anhören, wenn der Dharma gelehrt wird.

Die dritte im Dienst an der Gemeinschaft, dem *Sangha*. In der Freude am Geben. Sie ist unentbehrlich.

Die vierte Freude besteht in der Ehrerbietung gegenüber dem Lehrer.

Die fünfte Freude – und hier stutzen wir ein wenig – besteht im Wechseln des Gesichts.

Erinnert euch an euer Gesicht, als ihr euch am ersten Tag des Sesshin im Spiegel saht. Schaut am letzten Tag erneut in den Spiegel. Ihr habt euch die Haare nicht waschen können. Ihr tragt einen Fünftagebart. Nun gut. Aber euer Gesichtsausdruck hat sich verändert. Echtes Zazen hat diese Veränderung hervorgerufen.

Ihr kennt den Ausspruch Abraham Lincolns, dass man bis

---

[1] Die fünf »Objekte der Begierde«, sanskr. *kāmaguna*, sind: Farben, Klänge, Gerüche, Geschmack, Ertastbares.
[2] Vimalakīrtisutra, drittes Kapitel, vierundsechzigster Abschnitt

zum Alter von neununddreissig Jahren nicht für das eigene Gesicht verantwortlich gemacht werden könne. Am Morgen des vierzigsten Geburtstags sei man dann allerdings voll dafür verantwortlich. Konfuzius (551–479) hielt fest, mit vierzig Jahren sollte man nicht mehr verblendet sein. Möglicherweise meinten Vimalakīrti, Konfuzius und Abraham Lincoln dasselbe.

Erfahrt die fünf Freuden im Dharma, bevor ihr noch einen Tag älter geworden seid!

VERNICHTE VERNEINEN

Rinzai sagte: »In meiner Sicht gibt es niemanden, der nicht befreit ist.«

Die meisten von euch denken: »Rinzai, der Meister, er war ein grossartiger Typ. Ich dagegen habe mich noch nicht befreit. Eines Tages werde ich wohl ebenfalls frei sein, jetzt bin ich es jedenfalls noch nicht.

Ich bin furchtbar; ich bin noch nicht so weit; ich stecke voller Selbsttäuschungen; ich bin nicht erwacht.«

Und da liegt das Problem.

Es hilft euch nämlich rein gar nichts, euch ständig schlecht zu machen, und dabei gleichzeitig Erlösung von eurem Leiden zu erhoffen.

Geht ins Freie! Zieht die frische Luft tief ein, blickt zum wolkenfreien Himmel auf, atmet kräftig aus. Befreit euch vom Denken in Begriffen wie »gut« und »schlecht«. Kehrt zum Zazen in ausgeglichener Gemütsverfassung zurück. Übt MU ohne Furcht und Vorbehalte. Wenn ihr verneinendes Denken loslassen könnt, so dass ihr in einen Gemütszustand mit weniger Schwankungen kommt, und wenn ihr tun könnt, was euch der Dharma tun heisst, ohne es auf die Waagschale der Kritik zu legen, dann wird nicht viel Zeit verfliessen, bevor Einblick ins Eigenwesen, Kenshō, und Befreiung bei euch Einzug halten.

DIE GEBOTE

Sūtra, Shāstra und *Vinaya* sind drei Begriffe aus dem Sanskrit, mit denen ihr vertraut werden solltet.

Vinaya wird gewöhnlich mit Gebot übersetzt. Es sind die Verhaltensregeln für buddhistische Mönche und Nonnen. Die japanische Entsprechung ist *kai* wie in *kairitsu*, religiöse Vorschrift.

Sutras sind Aufzeichnungen von Buddhas Lehre. Sie geben sie nicht unbedingt wörtlich wieder, wurden aber von erwachten Schülern verfasst und halten sich dem Sinn nach an Buddhas Lehre. Gute Beispiele sind das *Sutra von der Lotosblume des wunderbaren Gesetzes* oder das *Herzstück des grossen Weisheitssutra*, kurz *Herzsutra*.

Shāstras sind Traktate, Kommentare der Sutras. Vinaya, Sutras und Shāstras bilden zusammen den »Dreikorb«, sanskr. *Tripitaka*.

Nachdem Rinzai erkannt hatte,

dass dies Medizin für die Rettung der Welt, nicht aber die besondere Überlieferung ausserhalb der Lehre ist,

verwarf er sie und machte sich ans Meditieren.

In eurem Fall wäre es verfrüht, sie loszuwerden. Bevor ihr euch davon trennt, solltet ihr zumindest die Grundzüge des Vinaya begriffen haben.

Ich habe wiederholt auf die zehn buddhistischen Gebote hingewiesen, so dass der Eindruck entstehen könnte, es handle sich dabei um die Quintessenz buddhistischen Denkens. In Tat und Wahrheit gründen die Vorschriften auf den *drei reinen Geboten*, jap. *sanjujōkai*, wo *san* für drei, *ju* für verdichtet und *jō* für rein steht. Die drei reinen Gebote sind in Kürze:

Ich gelobe, von allen Taten abzusehen, die Anhaften erzeugen.
Ich gelobe, alles daran zu setzen, in Wahrheit erwacht zu leben.
Ich gelobe, zum Wohl aller Lebewesen zu leben.

✸

Ich möchte hier eine Anekdote einflechten. Sie handelt von dem zu seiner Zeit weithin bekannten chinesischen Dichter Hakurakuten (772–846) und Dōrin (o. D.) Dōrin war ein etwas ausgefallener buddhistischer Priester, der auf einem Baum lebte. Die Leute nannten ihn deshalb einfach »Meister Nest«. Hakurakuten wollte von ihm erfahren, was das Wesentliche in der Lehre Buddhas war, und stellte sich deshalb eines Tages unter den Baum, machte eine Verbeugung und bat:
»Meister, lehrt mich das Wesen des Buddha-Dharma.«
Dōrin entgegnete:
»Unterlass alle schlechten Taten! Tu Gutes! Läutere dein Herz!«
Der Dichter konnte sich kaum das Lachen verkneifen:
»Das soll das Wesen des Buddha-Dharma sein?«
»Ja.«
»Das weiss ja jedes achtjährige Kind.«
»Mag sein. Doch selbst ein Achtzigjähriger bringt es nicht fertig.«
Da begriff Hakurakuten etwas davon, was DIES war, und verneigte sich tief.

✸

Wenn ihr nun annehmt, die drei reinen Gebote seien der Kern der zehn buddhistischen Gebote, dann wisst ihr noch nicht alles. Es gibt noch eine tiefere Schicht. Sozusagen die Wurzel der Wurzel. Es ist die *dreifache Zuflucht*, in Pāli *Tisarana*. Wir nehmen zu Buddha Zuflucht, zum Dharma und zum Sangha:

Buddham saranam gacchāmi
Dharmam saranam gacchāmi
Sangham saranam gacchāmi.

Man nennt sie auch *die drei Kostbarkeiten*, jap. *sanshu sanbō*. Es sind die wesentlichen Gebote, zu welcher Schule des Buddhismus man sich bekenne, zum Zen, zum *Shingon*, zum tibetischen Buddhismus oder zum *Theravāda*.

Weil wir erwarten, dass uns Vorschriften gemacht werden, was zu tun, was zu lassen ist, tönen sie in unseren Ohren gar nicht wie Gebote.

Man kann die drei Juwele auf drei Arten deuten. Nach der ersten und wichtigsten sind Buddha, Dharma und Sangha nicht voneinander getrennt. Wenn jemand MU übt, ist MU der Buddha, der Dharma und der Sangha. Sie sind eins, dreieinig, jap. *ittai sanbō*. Nach der zweiten Art der Interpretation sehen wir in den drei Kostbarkeiten drei verschiedene geschichtliche Tatsachen, jap. *genzen sanbō*. Buddha ist Shākyamuni Buddha, der die universale Wirklichkeit von MU erkannte und neunundvierzig Jahre lang lehrte. Der Dharma ist seine Lehre und der Sangha seine Anhängerschaft in Indien vor rund 2500 Jahren. Die dritte Art sieht die drei Kostbarkeiten, von Generation zu Generationen weitergegeben, aktuell, jap. *jūji sanbo*. Shakyamuni Buddha ist dahingegangen, also verehren wir ihn in einer Statue oder auf einer Hängerolle. Der Dharma ist der zwitschernde Vogel, das Wehen des Winds; das Singen des *Kannonsutra*, das Zuhören beim Teishō, die Versammlung zur Darlegung des Dharma – es sind alles Tätigkeiten des Dharma. Der Sangha wird von den heutigen Schülern gebildet. Mit dem Wunsch, dass er von Generation zu Generation weitergegeben werde, rezitieren wir:

Möge der wahre Dharma fortbestehen!

Einer um der andere wird abtreten, doch der wahre Dharma soll weiterbestehen. Dies und die Anrufung von *Namu Dai Bosa* (»Name des grossen Bodhisattwa«) oder *MU* drücken die fest auf das Weiterbestehen des Dharma gerichteten Gedanken aus, jap. *nen*. Wo Missverständnisse über den Buddhismus auftauchen, muss der Sangha für Aufklärung sorgen. Dann wird der Buddha-Dharma als eine Oase weiterbestehen, wo durstige Pilger sich laben und zur Ruhe kommen können.

So bilden also die drei Kostbarkeiten das grundlegende Gebot. Nun lasst uns noch einmal zu den zehn buddhistischen Geboten zurückkehren. Es liegt mir daran, sie in einer Beziehung noch verständlicher zu machen. Erst wenn sie klar sind, dürfen sie über Bord geworfen werden. Nicht eher.

Auch diese zehn Gebote können von drei Standpunkten aus betrachtet werden: vom Theravāda- oder *Hīnayāna*-Buddhismus, vom *Mahāyāna*-Buddhismus und vom Standpunkt der Buddha-Natur oder des Shūnyatā aus.

Der Theravādin versteht die Gebote wörtlich. Du sollst nicht töten, bedeutet ihm, dass selbst Insekten oder Tiere, welche das menschliche Leben bedrohen, verschont werden sollen.

Der Mahāyānist lässt beim Umgang mit diesem Gebot sein tiefes Mitgefühl sprechen. Dabei ergibt sich oft eine schillernde Auffassungs- und Handlungsweise. Wenn ihr mit euren Kindern und Freunden in Afrika von einem Löwen oder Tiger angefallen werdet, müsst ihr von der Pistole Gebrauch machen. Für den Theravādin heisst das, das Gebot übertreten. Nicht so für den Mahāyānisten.

Nun lasst mich versuchen, das Gebot aus dem Standpunkt der Buddha-Natur zu erklären, obwohl es nicht leicht ist. Solange wir in Zweiheiten denken: dass es etwas gibt, was getötet werden kann, einen Jemand, der tötet, und das Getötetwerden, solange bedeutet Töten Übertretung des Gebots. Sobald ihr dagegen die Beschaffenheit des wahren Selbst durch und durch erkannt habt und keine dualistische Auffassung mehr vorhanden ist, seht ihr das Gebot aus einem ganz andern Blickwinkel. Dann wird eine neue Sicht – *vista* – gewonnen.

Legt die Schriften daher nicht weg, bevor ihr sie gründlich untersucht und nachhaltig bedacht habt. Wenn ihr dann soweit seid, nach ausdauernder Zazen-Übung, wenn euer Dharma-Auge klar geworden ist, werdet ihr zu vermeiden wissen, von den unterschiedlichen Auslegungen »genarrt« zu werden, und die Gebote dennoch einhalten können.

SCHRITT VOR SCHRITT

Vor kurzem habe ich mich mit Schwestern und Brüdern im Dharma unterhalten. Besonders interessierte mich, warum sie mit Zazen begonnen hatten, wie lange sie schon meditieren, wieso z. B. Katholiken unter ihnen der katholischen Kirche den Rücken gewendet, und ob sie schon einmal ein sogenannt mystisches Erlebnis gehabt hätten. Zu meinem Erstaunen antworteten sieben oder acht von zehn auf die letzte Frage mit Ja. Ich bat sie, mir darüber zu berichten.

Sie hoben an, dass dann und dann, unter diesen oder jenen Umständen, etwas vorgefallen sei. Ich fragte weiter, bat um eine deutlichere, genauere Antwort. Und musste feststellen, dass ausnehmend viele Schüler des Dharma wirklich etwas Ähnliches erlebt hatten.

Allein, sie waren alle irgendwie davon enttäuscht worden. Es habe sich alles wieder in Luft aufgelöst. Es begleite sie nicht in ihrem Alltag, den sie danach reibungsloser, voller Freiheit und von mehr Glück erfüllt – kurz: angenehmer – erwartet hätten...

Hier machte sich ein Missverständnis bemerkbar.

Ich selbst widme mich, seit ich zwanzig bin, dem Zazen. Seit jenem Juli in meinem zweiundzwanzigsten Lebensjahr habe ich manches Mal erfahren, was man Erkenntnis heisst – mal ganz stark, mal weniger. Das bedeutet, dass die grundlegende Wirklichkeit, die Wahrheit dieser Existenz, dieser Welt, dieses Universums mir so weit klar ist, wie mein gegenwärtiges Verständnis reicht. Was aber die Einbeziehung in den Alltag anbelangt, das Gebot unbedingten Mitgefühls, die Vermeidung von Unmut und was an Charakterzügen sonst noch zu dem Idealbild gehört, das wir zeichnen, bin ich weit davon entfernt, ein vollkommener Mensch zu sein.

Lange Zeit störte mich das. Erst in letzter Zeit erkenne ich, dass meine – eure – Vorstellung, geistige Wachheit bedeute ebenfalls ein perfektes tägliches Leben, ein Irrtum ist.

Wahrhafte Einsicht bringt Klarheit. Deren Einbettung in den Alltag, so dass Alltag und Einsicht ineinander aufgehen, mag sich nach vielen Leben der Übung einstellen.

Ich kann nicht wissen, wieviel ich in vergangenen Leben meditierte. Ich vermute indessen, dass es reichte, um diesen Weg schon in einem früheren Leben zu gehen, dann auch in diesem Leben und, so hoffe ich, auch noch im nächsten und übernächsten, in allen kommenden Leben. Am Morgen in der Andacht spreche ich für mich das Gebet, sage ich in meinem Herzen: »Leben für Leben für Leben«. Kann sein, dass es im wahrsten Sinne nie aufhört. Es ist ja kein Ende abzusehen.

Die Folgerung, dass Einsicht nicht notwendigerweise gänzliche Durchdrungenheit bedeutete – wohl das bessere Wort als Einbezogenheit –, bewirkte, dass ich mich entspannter, behaglicher fühle.

Ihr habt alle auf die eine oder andere Weise Einsichten gewonnen. Weil ihr annehmt, dass diese sich offenkundig auf euren Alltag auswirken sollten, schmälern sie viele von euch. Zwar wäre es ideal, wenn unsere Erkenntnis unmittelbar fruchtbar, weithin erkennbar würde; tatsächlich besitzen wir eine sehr lange Vorgeschichte von Habgier, Zorn und Getäuschtheit. Wir unterstehen der Bedingtheit durch das Karma, das sich nicht im Verlauf von einem, zwei, zehn oder zwanzig Leben auslöschen lässt. Unzählige Leben haben wir gelebt, zahllose Schaden verursachende Taten verübt.

Wenn ihr das erkennt, lest nach, was Rinzai im zehnten Beispiel seiner Reden darüber sagt: Der echte Anhänger des Wegs handle in Übereinstimmung mit den Gegebenheiten. Unsere Lebensumstände schliessen das zwanzigste Jahrhundert mit ein, die Kultur und Gesellschaft, in der wir leben, unsere privaten Verhältnisse und unser Karma von alters her mit der Anhäufung von guten und schlechten Taten und Tatabsichten.

Der wahre Mensch, sagt Rinzai, ist einer, der

den Umständen entsprechend sein früheres Karma zu tilgen weiss, und sich kleidet, wie es so kommt. Wenn er gehen will, geht er, wenn er sitzen will, sitzt er. Er hegt nicht einen einzigen Gedanken, nach der Buddha-Frucht zu verlangen [1].

Wie viele von uns können die Dinge tatsächlich so nehmen, wie sie kommen, und mit ihnen entsprechend umgehen?

Hört euch an, wie es mir selbst damit erging. Ich pflegte ein ganzes Sesshin hindurch im Sitz des vollen Lotos zu meditieren. Bis ich mir eines Tages ein Bein brach. Heute sitze ich im halben Lotos. Zuerst fühlte ich mich entsetzlich schuldig. Total verlegen. Ich rechnete mir vor, dass der halbe Verschränkungssitz nur halb so wirkungsvoll sei wie der ganze – logischerweise. Eines Tages dämmerte mir, dass es mein Karma gewesen war, das Bein zu brechen. Was war denn falsch daran, im halben Lotos zu meditieren? Merkwürdig blieb bloss, dass es mich soviel Zeit gekostet hatte, eine derart einfache Tatsache zu akzeptieren. Einige Schülerinnen und Schüler müssen zum Meditieren auf Stühlen sitzen. Na und? Sie sollen ruhig weitermachen.

So verhält sich, wer wirklich eine Anhängerin oder ein Anhänger des Wegs ist. Bei Schmerzen in den Beinen wechseln sie in den halben Lotos. Sind die Schmerzen nicht zu ertragen, meditieren sie auf einem Stuhl. Oder sie wechseln ab, sitzen mal auf dem Kissen, mal auf dem Stuhl, mal im halben, mal im vollen Lotos. So einfach ist das.

Nehmt die Dinge, wie sie kommen, lebt in Übereinstimmung mit den Gegebenheiten. Benutzt die einmal gewonnene Erkenntnis und Einsicht als Führerinnen. Nach und nach wird das Karma geläutert werden.

---

[1] Übersetzung von Heinrich Dumoulin, Geschichte des Zen-Buddhismus, Band I., S. 182

Hoho kore dōjō

Schritt vor Schritt,
das ist die Trainingshalle

Myōshin Itsugai

DIE VIER ELEMENTE UND DU

Während einer von Rinzais Lehrreden erhob ein Zuhörer die Hand und fragte:

> *In welchem Zustand befinden sich die vier Elemente, wenn sie ohne Form sind? Der Meister entgegnete:* »*Der leiseste Zweifel, und die Erde blockiert dich; das geringste Verlangen, und du ertrinkst in den Fluten; ein Anflug von Unmut, und die Flammen versengen dich; ein Gedanke der Freude, und der Sturm wirbelt dich herum.*«
>
> Reden, fünfzehntes Beispiel

»Der leiseste Zweifel.« Dazu eine Vorbemerkung.

In zeitgenössischen Werken über Zen lesen wir, wo grosser Zweifel sei, sei auch grosse Erleuchtung. Eine Art von Zweifel scheint also durchaus entscheidend. Entscheidend ist allerdings auch, was man unter Zweifel versteht.

Die Meditationshalle des Tempels Ryūtaku-ji, der auf einem Hügel in der Nähe des Bergs Fuji liegt, ziert eine Inschrift Hakuins: *Halle des grossen Zweifels*, jap. *daigi dō*. Hakuin drängte damit zu grossem Zweifel. Doch verwendete er das Wort Zweifel nicht in seiner üblichen Bedeutung, in der etwas Missbilligendes mitklingt. Bei ihm bedeutet es brennendes Interesse und Neugier, die angestrengtes Forschen und Untersuchen bedingen. »Was liegt vor?« – nicht Skepsis, sondern die Suche nach Aufklärung. Fasst den grossen Zweifel, wenn ihr ihm begegnet, deshalb nicht in der landläufigen Bedeutung auf, sondern als nicht nachlassende Bemühung, einer Sache auf den Grund zu gehen. Je grösser die Energie ist, die in die Suche nach einer Antwort gesteckt wird, desto umfassender wird die Erkenntnis sein.

Nun, Rinzai sprach von Zweifel im herkömmlichen Sinn:

Der leiseste Zweifel, und die Erde blockiert dich;

– wie wahr das ist! –

das geringste Verlangen, und du ertrinkst in den Fluten; ein Anflug von Unmut, und die Flammen versengen dich.

Bis dahin bereiten seine Ausführungen unserem Verständnis keine Probleme. Zweifel, Begierden und Zorn gehören wahrscheinlich alle zur selben unseligen Kategorie, ihnen muss man mit Zen begegnen. Die ersten drei Aussagen scheinen daher verständlich. Wie steht es mit dem Verständnis im letzten Satz?

Ein Gedanke der Freude, und der Sturm wirbelt dich herum.

Warum soll Freude nicht in Ordnung sein? Ich nehme an, dass Rinzai überschwengliche Freude und Hochstimmung als Bedrohung für unsere Standhaftigkeit erkannte. Zazen ist bodenständig, Zazen üben heisst, auf den Boden herunterzukommen.

Eigne dir solches Urteilsvermögen an, dann bist du jeder Lebenslage Herr, statt dass sie dich beherrscht.

Es geschieht öfter, als uns lieb ist, dass wir zum Spielball gegensätzlicher Meinungen werden. Herr Soundso sagt eines, wir schliessen uns ihm an; Frau Soundso sagt etwas anderes, und wir schwenken auf ihre Linie ein. Eignet man sich eigenes Urteilsvermögen an, können einen die Umstände weder hierhin noch dorthin dirigieren; umgekehrt wird man auch nicht starr an etwas festhalten.

Im Osten kommt er hervor und verschwindet im Westen. Von Süden nach Norden, von der Mitte zum Rand, vom Rand zur Mitte kommt er hervor und verschwindet wieder. Er geht auf dem Wasser wie auf der Erde, auf der Erde wie auf dem Wasser[1].

Das nenne ich, sich die Umstände zunutze machen, Handeln im Dharma, Trefflichkeit des Zazen. Die Dinge sind dauernd im Fluss. Morgen anders als heute. Seit ihr auf die Welt gekommen seid, haben sich eure Lebenszusammenhänge dauernd gewandelt, und meistens liesst ihr euch davon hierhin und dorthin jagen. Wenn nicht, habt ihr euch trotzig quer gestellt!

Mit dichterischen Worten hielt dem Rinzai die Handlungsfreiheit im Dharma entgegen.

Ganz gleich, wieviele Probleme ihr habt, sie werden euch nicht unterkriegen. Zweifelt nicht daran, denn der leiseste Zweifel blockiert euch.

Geht statt dessen auf Rinzais und Dōgens Lehren ohne den mindesten Zweifel oder Vorbehalt ein, und sitzt in Meditation, ohne aufzugeben, dann offenbart sich das kraftvolle Lebens- oder Allgesetz, das Universum in seiner gültigen Gestalt.

Wir erinnern uns an die Worte im *Glaubensbekenntnis des Bodhisattwa*:

> *Aus der Sicht eines Schülers des Dharma ist die wirkliche Gestalt des Universums die unversiegliche Bekundung der geheimnisvollen Wahrheit von diesem Etwas, Tathāgata. In jedem einzelnen Begebnis, in jedem Augenblick und an jedem Ort geschieht nichts anderes als die wunderbare Offenbarung seines strahlenden Lichts.*

Rinzai fuhr fort:

---

[1] Rinzai zitiert hier die in verschiedenen Sutras beschriebene freie Erscheinungsweise wundertätiger Bodhisattwas.

Wie das? Weil er erkannt hat, dass die vier Elemente (Erde, Wasser, Feuer, Wind) nur ein Traum, eine Einbildung sind –

(*»eine schillernde Blase und ein Schatten, wie ein Tropfen Tau und die Spur des Blitzes«*)

Anhänger des Wegs! Das Du, das mir in diesem Augenblick zuhört, sind nicht die vier Elemente, aus denen ihr besteht. Das Du bedient sich eurer vier Elemente. Wenn ihr das vollkommen begriffen habt, seid ihr frei, nach Belieben zu kommen oder zu gehen.

Ist das nicht grossartig?

AUSSCHÖPFEN DER VIERFACHEN WEISHEIT

Wir wollen zusammentragen, was ich einerseits über Buddha-Natur, Buddha-Dharma oder Wirklichkeit an sich, und anderseits über euer inneres Wachstum gesagt habe. Nehmen wir uns das zweiundvierzigste Beispiel in *Mumons torlose Schranke* vor, das Kōan mit dem Titel: *Eine Frau kommt aus dem Samādhi*. Auf den ersten Blick mag das Kōan verwirrend erscheinen, wenn ihr aufmerksam seid und euch ein wenig darin vertieft, werdet ihr es verstehen.

Nyogen Senzakis Name ist bereits gefallen. Er war der erste Zen-Lehrer, der in die Vereinigten Staaten kam; dort verbrachte er mehr als fünfzig Jahre. Am 7. Mai 1958 starb er. Mehr über sein Leben findet ihr in den beiden Büchern *Namu Dai Bosa* (»Name des grossen Bodhisattwa«) und *Like a Dream, Like a Fantasy* (»Wie ein Traum, wie ein Phantasiegebilde«).

Hört nun ein Gebet von Nyogen Senzaki:

> *Dharmakāya ist Buddhas heiliger Leib. Er ist das nie versiegende Meer zeitloser Allwirklichkeit. Unter diesem transzendentalen Gesichtspunkt gibt es weder ein Kommen des Buddha noch ein Gehen des Buddha. Gleichwohl entstehen im unendlichen Ozean der Erscheinungen Wellen von Barmherzigkeit und Wohlwollen, die Unwissenheit aller Mitgeschöpfe aufzuklären. Die zeitlose Wirklichkeit bekundet ihr Wohlwollen durch Gestaltung der Wellen der Erscheinungen. Unter diesem immanenten Gesichtspunkt gibt es folglich sowohl ein Kommen des Buddha als auch ein Gehen des Buddha.*
> *Als erstes bete ich, dass ich zum Spiegel des Dharmakāya werde und darin die ganze Welt und alle ihre Geschöpfe widerspiegle.*

Mein zweites Gebet ist, dass die ewigen Wogen uns alle zur Befreiung tragen, damit wir in den Blumengarten der Buddhaschaft eintreten mögen. Meine Verehrung gilt der Weisheit aller Buddhas, ich weihe mein Leben meiner und anderer Erweckung.

Nyogen Senzaki weist auf zwei Ansichten der Wirklichkeit hin. Die eine ist nicht deutlich erkennbar. Danach gibt es weder Kommen noch Gehen, weder Geburt noch Tod, weder Gewinn noch Verlust. Mag sein, dass einige von euch darüber Bescheid wissen, doch nur wenige Menschen machen diese Erfahrung Tag für Tag.

Das ist ein Blickpunkt.

Der andere ist Gemeingut: Es gibt Geburt und Tod, Kommen und Gehen, Anfang und Ende, Verlust und Gewinn, Reinheit und Befleckung, und wie die Gegensatzpaare alle heissen. Dieser Aspekt ist uns wohlbekannt, wohl zu bekannt.

Nyogen betet, er möge zum Spiegel werden, der die Welt unvoreingenommen und ohne Beurteilung widerspiegelt. Das war sein erstes Gebet. Mit dem zweiten Gebet weiht er sein Leben dem Dharma, um sich selbst und andere zu erwecken.

Ich zitiere dieses Gebet nicht allein zum Gedenken an Nyogen Senzaki, sondern weil das Verständnis des Kōan dadurch erleichtert wird.

✼

Ihr seid in einer äusserst praktisch orientierten Welt aufgewachsen. Wenn ihr nicht gewohnt seid, den Darlegungen im Zen zu folgen, und wenn ich euch dann während eines Teishō das Kōan vorlege, glaubt ihr, es mit einer buddhistischen Legende zu tun zu haben. Zu sehr unterscheidet sich, was ihr hört, von eurem gewöhnlichen Denken.

Welche Bedeutung besitzt ein Teishō? In welchem Zusammenhang steht es mit der Ausübung von Zazen, und wie hängt Zazen mit eurem Alltag zusammen? Diese Fragen möchte ich, so gut es geht, mit Hilfe des Kōan beantworten.

Mumons torlose Schranke
Fünfundvierzigstes Beispiel

EINE FRAU KOMMT AUS DEM SAMĀDHI

Einst, zur Zeit des Welt-Erhabenen, kam Manjushrī an den Ort, wo alle Buddhas versammelt waren, und sah, wie sie sich alle wieder zu ihren ursprünglichen Wohnstätten zurückbegaben. Eine junge Frau jedoch blieb allein zurück und sass im Samādhi nahe bei Buddhas Thron.

Gestattet mir vorerst eine kleine Unterbrechung zu einer Ausführung über *Samādhi*.

Es gibt in der Überlieferung des Zen den Begriff der Samādhi-Energie, jap. *jōriki*. Diese geistige Kraft entspringt der Erfahrung von Samādhi. Leute, die ernsthaft Zen üben, werden zweierlei erleben: wahrhafte, durchdringende Einsicht oder Erkenntnis und Jōriki. Nur wenn die zwei sich verbunden haben, kommt zustande, was ich »unerschütterliche Ruhe« nenne. Einige von uns verdanken ihrem Karma, dass sie wahre Einsicht, durchdringende Erkenntnis erfahren, bevor sie das Feld des Samādhi bestellen oder Samādhi-Energie generieren. Andere Übende sitzen ausdauernd im Verschränkungssitz und kultivieren Jōriki, ohne dass sie noch klar durchblicken. Weiter gibt es die Gruppe derer, die keines von beidem erleben; und natürlich diejenigen, die beides besitzen.

Vielleicht macht ihr euch falsche Vorstellungen. Ihr verbindet Zazen mit Gedankenleere, gespannter Aufmerksamkeit, Wohlbefinden. Und diese stellen sich auch zeitweise ein. Ihr wisst aber so gut wie ich, dass andere Zustände ebenfalls aufkommen: Schläfrigkeit, Schmerz, Widerstände, Genervtheit, Unmut. Nichts von all dem ist wesentlich. Wesentlich ist Ausdauer. Sitzt weiter. Ob gut oder böse, richtig oder falsch, ob es angenehm oder unangenehm ist, sitzt einfach! Nicht nur während jedes Sitzens, sondern jahraus, jahrein, Jahrzehnt um Jahrzehnt, damit sich zwangsläufig Jōriki, Samādhi-Energie, ansammelt, damit sich eure Samādhi-Batterie mit Energie auflädt. Zu welchem Zeitpunkt ihr wirkliche Erkenntnisse erlangen werdet, Weisheit – oder *prajnā*, wie sie auf Sanskrit heisst –, lässt sich nicht voraussagen.

Bläst der Wind, ist das vom Blickpunkt des Zen aus gesehen Samādhi des Winds. Dröhnt der Gong, ist das des Gongs Samādhi. Zu essen, ohne weder auf Essstäbchen noch Hände zu achten, ist Essen-Samādhi.

Weiter gibt es im Zazen einen einzigartigen Zustand. Er lässt sich beinahe nicht beschreiben. Es handelt sich mehr oder weniger um folgendes: Euer Körper und euer Geist sind miteinander verschmolzen. Kein Schmerz stört euch, ihr empfindet keinen Widerstand, fühlt euch vollkommen frei. Irgendwie eins geworden. Und doch spürt ihr, wie Körper und Geist ungemein leicht sind. Nicht schwer, nicht dunkel. Bestimmte Empfindungen gibt es keine, etwa Ablehnung oder Verärgertheit. Nichts von all dem. Ihr habt das Gefühl, als ob ihr körperlich leer wärt. Auch döst ihr nicht – ihr seid hellwach. Euer Atem kommt und geht von selbst, ohne Anstrengung, in regelmässigen Abständen. Euer Kopf ist klar.

Diesen Zustand kann jeder Mensch nach einiger Übung erreichen.

*

Unsere Schwester im Dharma, die junge Frau im Samādhi, befand sich in einer noch tieferen Versunkenheit:

Manjushrī fragte Shākyamuni Buddha: »Warum kann diese Frau so nahe bei Buddhas Thron verweilen, während ich das nicht kann?« Der Buddha sagte: »Weck sie doch auf, lass sie

> *herauskommen aus dem Samādhi und frag sie selbst.«* Man-
> jushrī *ging dreimal um die Frau herum und schnippte mit den
> Fingern...*

In der buddhistischen Überlieferung geschieht das Schnippen mit den Fingern zumindest aus zwei Gründen. Einmal um die andern anzuregen und zu erwecken. Dann zur Reinigung. Meister Dōgen besass die Liebenswürdigkeit, uns in der *Schatzkammer des Auges des wahren Dharma*, jap. *Shōbōgenzō*, sogar das Verhalten im Waschraum zu lehren. Wenn du ihn betrittst, sagt er, sollst du mit den Fingern schnippen. Nun denken wir, das Bad zu benutzen diene der Reinigung des Körpers; für Dōgen kam noch etwas dazu. Auch der Geist muss gereinigt werden. Aus dem nämlichen Grund zünden wir Räucherstäbchen an.
Manjushrīs Schnippen mit den Fingern blieb aber ohne Wirkung:

> *Manjushrī trug sie zum Brahman-Himmel empor und setzte alle seine übernatürlichen Kräfte ein, ohne sie aus der Versenkung herausholen zu können. Da sagte der Welt-Erhabene: »Sogar hundert oder tausend Manjushrīs könnten diese Frau nicht aus dem Samādhi herausholen. Aber da unten, zwölfhundert Millionen Länder weiter, unzählbar wie die Sandkörner des Ganges, weilt Bodhisattwa Mōmyō. Der wird sie aus dem Samādhi herausholen können.«*
> *Sogleich sprudelte Bodhisattwa Mōmyō aus der Erde hervor und verneigte sich vor dem Welt-Erhabenen, der ihm den Befehl erteilte. Der Bodhisattwa trat vor die Frau und schnippte einmal mit den Fingern. Auf der Stelle kam die Frau aus dem Samādhi heraus.*

Mumon streicht in seinem anschliessenden Kommentar die entscheidende Frage heraus. Wieso konnte Manjushrī, wenn er wirklich ein grosser Lehrer war, die junge Frau nicht aus der Versunkenheit holen? Wieso gelang es dem Anfänger Mōmyō?

Mumon fährt fort:

Wer das wirklich klar zu erfassen vermag, der erkennt, dass das geschäftige Leben im illusorischen Bewusstsein nichts anderes als tiefes Samādhi ist.

❋

Wenn wir Hakuins *Preislied des Zazen* anstimmen, rezitieren wir:

Wie grenzenlos der klargefegte Himmel von Samādhi! Wie durchscheinend das vollkommene Mondlicht der vierfachen Weisheit.

Ein Schlüssel zum Verständnis des Kōan ist die vierfache Weisheit. Ihr habt bemerkt, dass es vier Darsteller gibt: Buddha, die Bodhisattwas Manjushrī und Mōmyō und die junge Schwester im Dharma. Diese vier verkörpern die vierfache Weisheit und bieten sie dar.

Statt beim Erörtern der vierfachen Weisheit bei der Bedeutung stehen zu bleiben und sie als Gehalt aufzufassen, wollen wir vom Wesentlichen oder Grundlegenden ausgehen. Von hier gesehen, besitzen wir alle mindestens vier verschiedene Seiten. Ich will euch eine um die andere vor Augen führen.

Im *Herzsutra* findet ihr die Stelle, an der es heisst:

Keine Geburt, kein Tod; keine Reinheit, keine Befleckheit; kein Verlust, kein Gewinn.

Japanisch:

fu shō fu metsu fu kū fu jō fu zō fu gen.

Kein Kommen, kein Gehen, kein Betreten, kein Verlassen usw. Das ergibt nicht viel Sinn, wenn ihr gerade erst mit Zazen beginnt. Käme jemand und sagte, es gebe Tod und Leben, Verlust und Gewinn, Eingang und Ausgang, verständen das alle und würden beistimmen. Diesen Aspekt verkörpert der Bodhisattwa Mōmyō.

Kein Geborenwerden, kein Sterben – die essentielle Realität oder Weisheit, die das *Herzsutra* zum Ausdruck bringt, wird vom Bodhisattwa Manjushrī verkörpert.

Der Beschaffenheit der Sprache wegen kann niemand zwei Aspekte zugleich vereinen. Deshalb geht man der Reihe nach und erweckt dann mit dieser Darstellung den Eindruck, es handle sich um zwei verschiedene Seiten. Und da fängt unsere Getäuschtheit an und damit das Leiden, in Pāli *dukkha*. Buddha Shākyamuni verkörpert beide Seiten: Manjushrīs Weisheit – kein Geborenwerden, kein Sterben – und Mōmyōs Weisheit – Kommen und Gehen, Anfang und Ende. Es sind zwei Facetten derselben Angelegenheit. Wie die Innenfläche der Hand und der Handrücken. Also steht Shākyamuni für DIES, beide Seiten zugleich.

Manjushrī ist die Nämlichkeit, die Einheit, das Nicht-Unterschiedene, die wesentliche Wirklichkeit – Mōmyō das Auseinandergehen, die Mannigfaltigkeit, »*das geschäftige Leben im illusorischen Bewusstsein*«, die gelebte Wirklichkeit.

Und die junge Dame im Samādhi besass die Weisheit, sich in Übereinstimmung damit zu verhalten.

Angemessen handeln! Wird die Weisheit des einen Geists verlangt, handle ihm entsprechend. Wenn die Weisheit der Unterscheidung am Platz ist, handle ihr entsprechend. Schnippt Manjushrī mit den Fingern – der grosse Lehrer mit dem Wissen um Ganzheitliches, Wesentliches, der die Seite des Zeitlosen vertritt –, passt sich die junge Frau seiner Weisheit an. Sie verbleibt im Zustand von *Keine Geburt, kein Tod; kein Eintritt ins Samādhi, kein Herauskommen aus dem Samādhi*.

Erscheint Bodhisattwa Mōmyō, der den Blick für Unterschiede hat, der für die Welt der Erscheinungen steht, für den Unbestand, Kommen und Gehen, Eintauchen ins Samādhi und Auftauchen aus dem Samādhi, reagiert sie dementsprechend. Sie kommt aus dem Samādhi!

Das Kōan handelt also eigentlich gar nicht von einer jungen Frau, die aus dem Samādhi kommt; vielmehr geht es um die Weisheit der vier Darsteller.

✻

»Eine hübsche Geschichte.« »Aha, ich verstehe«, sagt ihr. Immer noch seht ihr keinen Zusammenhang zwischen dieser vierfachen Weisheit und dem Kern eures eigenen Buddha-Wesens. Doch es handelt sich um euer eigenes Wesen!

Mumon kommentiert:

Wer das wirklich klar zu erfassen vermag, der erkennt, dass das geschäftige Leben im illusorischen Bewusstsein nichts anderes als tiefes Samādhi ist.

Wir leben in einer illusorischen Welt. Wir leben in der Welt des Leidens, Dukkha. Die meisten von euch möchten der Welt der Täuschungen entfliehen und die Welt von Dukkha hinter sich lassen, ohne bisher Erfolg gehabt zu haben. Und es wird nicht gelingen, bevor ihr nicht alle Seiten seht und angemessen handelt.

Bekannt ist auch das nächste Kōan:

Niederschrift von der smaragdenen Felswand
Dreiundvierzigstes Beispiel

TŌZANS AUSWEG AUS KÄLTE UND HITZE

Ein Mönch fragt Tōzan: »Wenn Hitze oder Kälte kommt, wie weicht man ihnen aus?«

Tōzan erwiderte: »Warum wendest du dich nicht einem Orte zu, an dem es keine Hitze oder Kälte gibt?«

Wird einem dieser Rat zuteil, denkt man natürlich zuerst: Wo gibt es einen solchen Ort auf unserem Planeten? Ist es Hawaii? Doch selbst wenn ihr dorthin reist, wäre das keine Lösung. Da gibt es kalte Tage und solche, an denen die Hitze unerträglich wird. Und dann sprechen wir ja nicht von Schwankungen der Temperatur, sondern über unsern Geist und unser Herz, unsere Gefühle, über unsere Psyche, unsern Gemütszustand und unsere körperliche Verfassung.

Der Mönch fragte: »Was ist das für ein Ort, an dem es keine Hitze oder Kälte gibt?«
Tōzan antwortete: »Schwitz, wenn es heiss ist. Frier, wenn es kalt ist.«

Wenn du traurig bist, weine! Wenn du dich glücklich fühlst, lache! Diese ganz unkomplizierte Verhaltensweise ist der entscheidende Punkt. So und nicht anders befreien wir uns von unsern Bedrängnissen. Seht euch die vierfache Weisheit aus der Nähe an und handelt entsprechend!

Ganzheitlichkeit ohne Mannigfaltigkeit gehört nicht zum Buddha-Dharma; Mannigfaltigkeit ohne Ganzheitlichkeit gehört nicht zum Buddha-Dharma.

Intelligente Schülerinnen und Schüler des Dharma erkennen, dass Verschiedenheit und Übereinstimmung zweierlei sind. Wie Manjushrī und Mōmyō. Buddha Shākyamuni erkennt und vereinigt sie beide zugleich! Durch die Brille der Unterschiede gesehen, scheint so etwas unmöglich zu sein: Man kann doch keinen Widerspruch in sich vereinen, die beiden Aspekte müssen getrennt vorkommen.

Das ist das Eingangstor zum Reich von Dukkha: dass man glaubt, man habe es mit einem unvereinbaren Widerspruch zu tun. Versucht, wirkliches Verständnis zu bekommen und nicht von oberflächlichen Formulierungen wie Nämlichkeit und Verschiedenheit hinters Licht geführt zu werden. Sie widersprechen sich in keiner Art und Weise, sie gehen Hand in Hand miteinander.

Diese Rolle spielt Buddha Shākyamuni im Schauspiel. Wenn er sie gut spielen will, muss er sowohl über den vereinheitlichenden Geist von Manjushrī als auch über die Unterscheidungsgabe von Mōmyō verfügen, und die junge Dame muss sich entsprechend verhalten. Aller vier Weisheiten bedarf es.

In eurem Buddha-Wesen vereinigt ihr die vier Seiten, und doch ist es nur e i n Buddha-Wesen, nur e i n e Weisheit an sich. Zazen dient uns dazu, sie anzuwenden, zu verwirklichen, in unsern Alltag einzubringen und ihn von ihr durchdringen zu lassen.

Also hören wir uns keinesfalls bloss eine buddhistische Legende an.

DRITTER TEIL
ZUR ANWENDUNG VON ZEN NACH RINZAI

Einführung	95
Tun oder nicht tun	96
Wege der Lehre	98
Wer ist der Lehrer?	102
Verneigungen	104
Samādhi und Kenshō	105
An jedem Ort, auf jede Art	109
Stoss nicht von dir!	111
Der Wert des Schweigens	113
Geist sitzt	116
Im Sesshin	119
Kōan	120
Die Sprache ohne Worte	121
Vorwärts gehen	127
Warum? Wieso?	130
Nur-MU	132
Die Welt von MU	133
Abbitte	138
Karma neu leiten	139
Woher kommen, wohin gehen wir?	141
Entsagen	143

EINFÜHRUNG

Bestimmte Elemente und Formen der tätigen Auseinandersetzung haben sich im Zen nach Rinzai über Jahrhunderte hinweg erhalten. Die folgenden Anmerkungen lassen ihre lange Geschichte erahnen und die Art, wie sie von unserer gegenwärtigen Kultur aufgenommen und ihr zu unserer Verfügung angeglichen werden.

TUN ODER NICHT TUN

Manchmal bringt Meister Rinzai die Anhänger des Wegs in Verlegenheit. Dass er Praxis, Gyō, für wichtig erachtete, haben wir bereits festgestellt. Zazen ist wichtig, Teilnahme am Sesshin, Rezitation, das Üben von Achtsamkeit. Wir wissen, dass er von den Sutras und anderen Schriften sagte, sie seien »offen dargelegte Lehrreden« oder bloss Verschreibungen, nicht aber die Medizin selbst. Er beschloss, sich von ihnen abzuwenden, sich an Zazen zu halten.

In den *Aufzeichnungen* wird auf die Praxis allerdings mit keinem Wort eingegangen. Es heisst nirgendwo, dass Zazen unentbehrlich, ein Sesshin notwendig sei. Ganz im Gegenteil! Im *vierzehnten Beispiel* der *Reden* verwendet Rinzai den Ausdruck: »Nicht-Abhängen«. Es heisst weiter:

Der Mann des Weges, der die Predigt hört und von nichts abhängt, ist die Mutter aller Buddhas.

Man soll nicht an Worten haften, weder von irgendeiner bestimmten Übung abhängen, noch von einem *Zendō*, Lehrer oder Sangha.

Soll das nun heissen, dass man weder Zazen üben, noch am Sesshin teilnehmen muss, weder versuchen soll, während einer ganzen Trainingszeit, jap. *kessei*, dabeizubleiben, noch seine Achtsamkeit auf jeden Augenblick zu richten?

Folgende Überlegungen bieten sich als Ausweg aus der Verwirrung an. Obschon wir, mit Hakuins Worten, »ursprünglich Buddha« sind und grundsätzlich in Ordnung, gerade so wie wir sind, denken und empfinden wir das Gegenteil. Ängstlichkeit, Schuldgefühle, Begehrlichkeit oder Unzufriedenheit verstellen unsere tatsächliche Buddhaschaft. Wir sitzen im Zazen, um diese Tatsache aufzudecken und klar zu erkennen.

Nie hört man Meister Rinzai ausdrücklich sagen: »Sitzt vermehrt!« Wieso sitzen wir dann so oft und so lang? Weil wir sonst ganz einfach nicht zur Erkenntnis gelangen, nicht Furcht und Schuld aus dem Weg räumen und unser wahres Wesen schauen.

Und dann spricht ja Rinzai im selben Atemzug von beiden Aspekten. Im anfangs zitierten *achtzehnten Beispiel* berichtet er:

> *Dies [Wahres und Falsches zu unterscheiden] konnte ich nicht im Augenblick, als ich von meiner Mutter geboren wurde; erst nach gründlicher Untersuchung und harter Übung begriff ich es eines Morgens selbst.*

Gründliche Vertiefung und beschwerliche Übung, das sind Studium, Zazen und Sesshin. Wohin sie führen? Zu jenen Augenblicken des Erkennens, zum Erfassen des Nicht-Abhängens, dazu dass wir mit uns selbst und unserem Wesen an sich vertraut werden.

Folglich, Anhängerinnen und Anhänger des Wegs, vertieft euch ins Studium, übt unablässig, dann erkennt ihr die herrliche Nicht-Abhängigkeit, die in eurer Selbsterkenntnis liegt.

WEGE DER LEHRE

Vor rund hundert Jahren lebte in Japan ein ganz aussergewöhnlicher Zen-Mönch. Er wusste einfach über alles Bescheid. Er hatte buddhistische Philosophie und Psychologie studiert und kannte sich in vielerlei Schriften aus. Er war in der Tat sehr gebildet. Sein Lehrer gestand am Ende: »Du übertriffst mich. Das einzige, was du jetzt noch tun musst, ist in ein Zen-Kloster gehen.«

Widerstrebend trat der Schüler in ein Kloster ein. Und weil es ungern geschah, steckte auch in seinem Zazen dieser Widerwille. Doch irgendwie wirkte der Dharma auf seine Weise. Der widerwillige Mönch erkrankte. Er musste von den andern Mönchen abgesondert werden und kam im Krankenzimmer neben einen älteren Mönch zu liegen, der ebenfalls krank war. Diese »karmische Begegnung« hatte es in sich. Sie verbrachten einige Tage nebeneinander und waren am Genesen, als der ältere Mönch ihn ansprach:

»Verzeih, man sagt mir, dass du alles weisst. Diese Gelegenheit möchte ich nutzen, belehr mich bitte über das *Herzsutra*.«

»Nichts leichter als das«, antwortete der widerwillige Mönch.

So setzten sich die zwei Genesenden einander gegenüber; der Widerwillige hob an, das *Herzsutra* auszulegen, indem er die Verse rezitierte:

Kan ji zai bo sa...

und dazu seinen Kommentar abgab. Als er bei der Stelle anlangte:

Was Körper ist, ist Leerheit
Was Leerheit ist, ist Körper,

shiki soku ze kū. Kū soku ze shiki,

erläuterte er, was es mit Shūnyatā auf sich habe und was mit Körper und Leerheit gemeint sei. Da unterbrach ihn der ältere Mönch:

»Halt ein! Ist dies Körper oder Leerheit?« Dabei zeigte er auf den Fächer, den er in der Hand hielt.

»Das ist natürlich Körper«, entgegnete der widerwillige Mönch sofort.

»Gut. Den Aspekt von Körper hab' ich begriffen. Nun zeig mir den Aspekt der Leerheit.«

Darauf wusste der gescheite Mönch keine Antwort. Der ältere erklärte ihm, dass es zwei Wege gebe, Zen zu lehren. »Den einen heisst man *Sōshi-Zen*, den anderen *Nyōrai-Zen*.« Man kann annehmen, dass er ihm weiter erklärte, dass Nyōrai-Zen das auf Worte vertrauende, intellektuelle Verständnis des Buddha-Dharma sei, während Sōshi-Zen auf Erklärungen verzichtet und auf die schöpferische Anschauung setzt. Dann fügte er bei:

»Nyōrai-Zen beherrschst du wie im Schlaf. Lerne jetzt, Sōshi-Zen vorzubringen.«

*

Aufzeichnungen von Rinzai
Kritische Untersuchungen, dreiundzwanzigstes Beispiel

Fünfhundert Mönche waren auf dem Kinzan versammelt, aber nur wenige baten um Belehrung durch Kinzan. Ōbaku hiess Rinzai, Kinzan aufzusuchen. »Was wirst du tun, wenn du dort bist?« fragte er ihn.

»Wenn ich dort bin, wird mir etwas einfallen.«

Rinzai kam auf dem Kinzan an. Noch in Reisekleidung betrat er die Dharma-Halle, um den Meister zu sehen. Wie der Meister gerade den Kopf erhebt, lässt Rinzai einen Ruf erschallen, und als Kinzan den Mund öffnet, schwenkt Rinzai die Ärmel herum und verlässt die Halle.

Kurz darauf erkundigte sich ein Mönch bei Kinzan: »Was habt ihr eben ausgetauscht, dass jener Mönch Euch andonnerte?« Der Meister antwortete: »Der Mönch stammt aus der Gemeinschaft von Ōbaku. Frag ihn selbst, wenn du es wissen willst.« Die meisten der fünfhundert Mönche auf dem Kinzan machten sich auf, um Sōshi-Zen zu schmecken.

Das ist eine Kostprobe von Rinzais Sōshi-Zen. Er donnerte. Er schwenkte die Ärmel herum und verliess die Lehrhalle. Umgekehrt ist Nyōrai-Zen, wenn ich euch den Begriff von Karma erläutere. Es richtet sich an den Intellekt: »*Frag ihn selbst, wenn du es wissen willst.*«

Schwer zu sagen, was besser ist. Beides ist notwendig. Yasutani Rōshi war ein hervorragender Lehrer des Nyōrai-Zen. Sōen Rōshi ein typischer Meister des Sōshi-Zen.

Fünfhundert Mönche waren versammelt, nur wenige sassen im Verschränkungssitz und meditierten. Zwar handelte es sich um einen Zen-Tempel, eigentlich einen Ort, an dem Zazen geübt werden sollte, aber wenige taten es. Dem Meister machte das zu schaffen. So sehr, dass er eines Tages einen Boten um Rat zu Meister Ōbaku Kiun absandte. Ōbaku hiess seinen Vorsteher, Rinzai, sich die Sache auf dem Kinzan anzusehen und womöglich Abhilfe zu schaffen. Kurz vor der Abreise fragte er ihn ganz unverfänglich:

»*Was wirst du tun, wenn du dort bist?*«

Und Rinzai antwortete:

»*Wenn ich dort bin, wird mir etwas einfallen.*«

Ich bewundere diese Antwort. Während eines Sesshin lege ich jeden Tag den Dharma dar, und ich bereite mich noch und noch vor. Und doch bleibt mein Geist leer wie ein blütenweisses Blatt Papier, bis ich mich hinsetze und diesen Orangensaft zu mir nehme. Noch weiss ich nicht, wie ich den ersten Satz beginnen soll. Erst wenn ich in eure Gesichter schaue, fällt es mir ein.

»*Wenn ich dort bin, wird mir etwas einfallen.*«

Rinzai kam auf dem Kinzan an und trug im Bauch »Hara-Gespür« mit sich.

Noch in Reisekleidung betrat er die Dharma-Halle, um den Meister zu sehen. Wie der Meister gerade den Kopf erhebt, lässt Rinzai einen Ruf erschallen, und als Kinzan den Mund öffnet, schwenkt Rinzai die Ärmel herum und verlässt die Halle.
Kurz darauf erkundigte sich ein Mönch bei Kinzan: »Was habt ihr eben ausgetauscht, dass jener Mönch Euch andonnerte?« Der Meister antwortete: »Der Mönch stammt aus der Gemeinschaft von Ōbaku. Frag ihn selbst, wenn du es wissen willst.«

Kein Wunder, dass fünfhundert Mönche kein Zazen übten.

Die meisten der fünfhundert Mönche auf dem Kinzan machten sich auf, um Sōshi-Zen zu schmecken.

Rinzai hatte mit seinem Donnerruf »*Katsu!*« das Kloster auf dem Kinzan rein gefegt. Das ist Sōshi-Zen. Es setzt lautere Erkenntnis und Vertrauen in die Samādhi-Energie, Jōriki, voraus. Kraftvolle Klarheit, die von stetigem Sitzen herrührt, Tag für Tag. Weiter bedingt es eine geheimnisvolle Sicherheit. Diese macht es erst möglich.

Alle in den *Aufzeichnungen von Rinzai* angeführten *kritischen Erwägungen* (man kann sie auch *erwägende Zwiesprachen* nennen) enthalten Beispiele von Sōshi-Zen.

Von vitalem Zen.

WER IST DER LEHRER?

Im *elften Beispiel* der *Niederschrift von der smaragdenen Felswand* sagt Ōbaku:

> *Wisst ihr denn eigentlich, dass im ganzen grossen Tang-Reich kein Zen-Meister zu finden ist?*

Die meisten von euch sind im Vertrauen hierher gekommen, dass es einen Lehrer des Zen, einen Zen-Meister gibt. Ihr denkt bei euch: Womöglich löst er alle meine Probleme. Er könnte mir helfen. An ihm kann ich einen Halt finden, auf ihn kann ich mich verlassen. Er wird gütig sein und ein grosses Herz haben.
　　Um Himmels willen, nein! Das ist eine falsche Auffassung. Wenn ihr das mit euch herum tragt, ist es besser, ihr lasst es sogleich fahren. Ōbaku wünscht eure Unabhängigkeit. Ōbaku meint es gut:

> *Wisst ihr denn eigentlich, dass im ganzen grossen Tang-Reich kein Zen-Meister zu finden ist?*

Da stand jemand auf und warf ein:

> *Und die Zen-Gruppen in der Stadt Zürich? In Berlin? In New York? Und die tibetischen Mönche? Und all die Gurus und Swamis und Rinpoches, was ist mit ihnen?*

Ōbaku antwortete, er habe nicht gesagt, es gebe in ganz China kein Zen. Ich sagte auch nicht, es gebe kein Zen im Universum. Im Gegenteil, es ist voll davon. Es gibt nichts anderes als DIES.
　　Aber es gibt keinen Lehrer, auf den ihr euch stützen könnt, ausgenommen euch selbst. Euch ganz allein.

Das macht die Überlieferung des Zen so einzigartig. In anderen Traditionen kann man davon sprechen, dass eine Lehrerin oder ein Lehrer den Lernenden etwas beibringt. Sie vermitteln Wissen oder Fertigkeiten, und die Lernenden gehen nach Hause in der Überzeugung, etwas von ihnen gelernt zu haben. Vom absoluten Standpunkt aus existieren weder Gebende noch Empfangende, noch ist eine Gabe vorhanden. Gebende sind Shūnyatā, Empfangende sind Shūnyatā, die Gabe ist Shūnyatā. Lehren ist ebenfalls Shūnyatā. Dies aus eigener Kraft zu begreifen ist gleichbedeutend mit Üben von Zen und Verwirklichung von Zen.

Und dann gilt es noch eine Feinheit zu beachten. Es komme nicht auf das Lesen der Sutras an, heisst es – in den Sutras. Wer sich nicht in sie vertieft, wird nicht verstehen, wieso Vertiefung in die Sutras bedeutungslos ist. Dasselbe lässt sich von einem Lehrer des Zen sagen. Wer nicht unter Anleitung eines Lehrers übt, versteht nicht, wie wichtig es ist, auf sich selbst gestellt zu werden. Deshalb sollt ihr euch an beides halten, an einen Lehrer und an die Erkenntnis der begrenzten Rolle, die er spielt. Ihr vereinigt Lehrer(in) und Lernende(n) in euch selbst.

Zen ist eine einsame Sache, wie jede andere Disziplin auch. Echt einsam. Wenn ihr diese Einsamkeit nicht ertragen könnt, keine tiefe Beziehung zu euch selbst, eurem wahren Selbst aufnehmen könnt, werdet ihr es nicht zu tiefer Erkenntnis bringen.

VERNEIGUNGEN

Jede und jeder hat im Leben eine gewisse Stellung inne. Manche denken, dass sie das ihrem eigenen Tun verdanken. Nach dem Mahāyāna-Buddhismus ist das nicht die richtige Anschauungsweise. Ihr müsst anerkennen, dass es ETWAS gibt. Bezeichnungen dafür habt ihr viele von mir gehört: Buddha-Natur, Wirklichkeit an sich, Shūnyatā, MU oder – mit Meister Sōens Worten: »Endless Dimension Universal Life«. Diesem universalen Wesen von endloser Ausdehnung haben wir es zu verdanken, dass wir arbeiten und eine Stellung erreichen. Vor diesem Alleben verneigen wir uns. Alleben verneigt sich vor Alleben. Buddha-Wesen vor Buddha-Wesen. MU verneigt sich vor MU.

Auch Zazen ist Verneigung.

SAMĀDHI UND KENSHŌ

Ich möchte erneut auf Samādhi zu sprechen kommen. Man tritt in den Zustand von Samādhi ein und kommt wieder heraus. Wenn man sich tief versenkt, verschwindet alles. Das Selbst verschwindet, die Umgebung löst sich auf. Es ist ganz natürlich, sich zu fragen: Wieso weiss ich, dass das Selbst verschwindet, wenn es doch verschwindet? Scheinbar berechtigt, entpuppt sich die Frage jedoch als überflüssig, sobald wir ins Samādhi eingetaucht sind. Sie gerät ebenso ausser Sicht wie die Erwartung irgendeiner treffenden Antwort.

Verschwinden – das könnte einen unangenehmen Beigeschmack haben. Den verleiht ihr dem Wort indessen selbst. Auf einen einfachen Nenner gebracht: Kein einziges Ding besteht, wenn man sich in dem kraftvollen Zustand von Samādhi befindet. Dies wird Kenshō genannt, das Schauen des Kosmos in seiner wahren Gestalt.

Meistens lebt man fern von diesem Zustand. Man stellt Gedanken an wie: »Ich sitze hier, sie sitzt da, der Berg sitzt dort drüben.« Das Missverständnis, dass das Selbst abgesondert ein eigenes Leben führt, ist verantwortlich für alle Schwierigkeiten und Leiden, die wir durchmachen.

Samādhi und Kenshō sind beide zum Leben erforderlich. Meister Yasutani zog folgenden Vergleich heran: Samādhi ist der Kraftstoff, der den Wagen bewegt, der uns die Kraft zum Leben gibt. Kenshō sind die Scheinwerfer, ohne welche wir bald verloren wären.

Beim Aufsagen der vier Gelübde rezitieren wir:

Der Geschöpfe sind zahllose
Wir geloben, sie alle zu retten,

japanisch:

shujō muhen seigan do,

alle zu befreien, auch uns selbst. Die eigentliche »Befreiung« besteht in der Erfahrung von Samādhi. Diesen Zustand, nicht ein Ding, Kein-Ding, nannte Jōshū MU; weiter nennt man es Buddha-Natur, Gott, Dao, Wirklichkeit an sich, Soheit, das Etwas. Im japanischen *Shintōismus* heissen es die Menschen *kami*.

Die Erfahrung dieses energiegeladenen Zustands macht jede Theologie und Philosophie überflüssig. Höchstens einem Menschen, der dieses kraftvolle Erlebnis noch nicht kennt und gezwungen ist, darüber zu sprechen, dienen sie zur Erklärung und Verständigung. Nicht zum Zweck theoretischer Erörterung finden wir uns im Sesshin zusammen, sondern damit jeder einzelne dieses äusserst wirkliche Nichts koste, das euer wahres Wesen ist.

Die Lebewesen sind ursprünglich Buddha.

Das glaubt ihr erst, nachdem ihr in die feste Leere des Samādhi eingetaucht seid. Und erst dann werdet ihr von zahllosen Leiden erlöst. Aus diesem Grund ist die Anwendung von Zazen, die angestrengte Versenkung ins MU, lebenswichtig.

Sogar Buddha Shākyamuni und allen Patriarchen genügte, wie vielen Menschen, der Eintritt ins Samādhi und wieder herauszukommen und wieder tief einzudringen. Je öfter desto besser. Sie hatten keine Vertiefung ins Kōan nötig, wie sie uns Meister Hakuin lehrte.

Wir sind uns einig: Das Leben kann wundervoll sein, aber auch voller Schwierigkeiten und Qualen. Wir sind uns einig, dass ihr euch alle befreien möchtet von den Leiden, welche die *Vier edlen Wahrheiten* und der *Achtgliedrige Pfad* erwähnen. Die Ursache des Leidens liegt darin, dass man die Existenz des Selbst falsch auslegt. Eigentlich ist das Selbst, wie wir vom *Diamantsutra* hörten:

... wie ein Traum, ein Phantasiegebilde, eine schillernde Blase und ein Schatten, wie ein Tropfen Tau und die Spur des Blitzes.

Das Selbst ist eine befristete Angelegenheit, eine flüchtige Erscheinung. Ein bleibender Zustand ist das echte Nichts, MU. Dessen sollt ihr im Samādhi teilhaftig werden.

Die Beschäftigung mit MU kann man auf zwei Arten ansehen. Nach der einen bricht, schneidet MU durch vorgefasste Meinungen und Urteile. Nach der andern dient es schlicht zur Erkenntnis, dass wir von allem Anfang an MU oder Shūnyatā oder feste Leere sind.

Dann sind für den Erwachten *die Lebewesen ursprünglich Buddha*. Noch sind alle Holzköpfe. Deshalb streben wir, streben und streben danach, mit MU in den Zustand vorhandenen Nichtvorhandenseins, der gültigen Gestalt des Alls, einzugehen. Einen Zustand, in dem man nicht mehr streben muss, nicht streben kann. Wir nehmen die flüchtige Ausgestaltung unseres Körpers zum Mittel, um das Wesentliche zu erkennen, die Un-Form, das feste Nichts, indem wir uns ein Leben lang voll Hingabe MU zuwenden.

Was ich euch vorlege, stammt nicht aus Büchern oder Vorlesungen. Es ist meine eigene Erfahrung, erworben durch den Eintritt ins Samādhi. Eindringen, Verlassen, Eindringen. Einmal gekostet, vergesst ihr den Geschmack nie mehr wieder. Um 180 Grad wendet sich euer Denken. Dies Umkehren »auf dem Kopf stehender« Ansichten heisst *do*,

shujō muhen seigan do.

Do, befreien und befreit werden.

Während wir mit einem physischen Körper bedacht sind, werden wir von zahlreichen Übeln begleitet. Wenn ihr die »verkehrte Welt« auf die Füsse gestellt habt, dann ereignet sich wie im *Herzsutra*:

endlich Nirwana!

Es ist unabdingbar, dass alle von euch ins mu-ende, feste Samādhi-Nichts kommen.

AN JEDEM ORT, AUF JEDE ART

Zen-Meister Sōen erzählte während seiner Teishō mit Vorliebe diese eine Geschichte. Ich will sie euch nacherzählen:

> Die Laienschwester eines japanischen Zen-Meisters, der vor hundert Jahren lebte, hatte ihr Enkelkind verloren. Vor Trauer wurde sie krank. Die Angehörigen benachrichtigten den Meister. Eines Tages besuchte er die Frau im Krankenhaus; er brachte ihr eine Blume und erkundigte sich, wie es ihr gehe. Sie lag zu Bett, in Tränen aufgelöst. Der Meister fragte sie: »Möchten Sie die Kleine wiedersehen?« Sie schöpfte Hoffnung und antwortete: »Gewiss, ich möchte meiner allerliebsten Enkelin wiederbegegnen, doch wie könnte so etwas geschehen?« Der Meister sagte: »Sie liegen im Bett und haben nichts zu tun, rufen Sie deshalb den *Nembutsu* an. Sagen Sie von früh bis spät: ›Namu Amida Butsu, Namu Amida Butsu‹, bis ich nächste Woche wiederkomme.« Damit ging er. Die Frau sehnte sich so sehr danach, ihrer Tochter herziges Kind wiederzusehen, dass sie sich ans Aufsagen des Nembutsu machte und nicht mehr davon abliess. Natürlich kamen ihr Zweifel – dieselben, welche euch beschleichen, während ihr meditiert. Aber sie hielt durch, einen Tag lang, zwei, drei... So verging eine Woche. Als der Zen-Meister erneut zu Besuch kam, fand er sie beim Aufsagen von ›Namu Amida Butsu‹. ›Es geht ihr besser‹, stellte er bei sich fest, als er an die Tür klopfte und eintrat. »Wie geht's?« »Ich habe mich an *Nembutsu* gehalten, den Sie mir letztes Mal aufgegeben haben; meine Enkelin kommt aber nicht zurück.« »Nun, dann versuchen sie's eben eine weitere Woche lang.« Als er zum zweiten Mal wiederkam, erkundigte er sich: »Wie steht's?« Die Frau antwortete: »Ich

geniesse *Nembutsu*. Bloss ist da eine Schwierigkeit. Seit zwei Wochen sage ich ununterbrochen ›Namu Amida Butsu‹ auf, und mein Mund ist erschöpft. Gibt es keine bessere, leichtere Methode?« »Doch«, erwiderte der Meister und wies auf ihren Wecker. »Können Sie hören, wie er tickt? Richten Sie Ihre ganze Aufmerksamkeit allein auf dieses Ticken. Das ist alles.« Und wieder liess er sie allein. Die Laienschwester befolgte seine Anweisungen, und als er zum dritten Mal wiederkam, fand er, dass ihre Achtsamkeit spürbar zugenommen hatte. Er ahnte, dass die Zeit bald reif sein würde. Nach ein – zwei weiteren Wochen strahlte ihm die Frau glücklich entgegen. Sie bedankte sich unter Tränen bei ihm: »Sie sagten, dass ich meine süsse Enkelin wiedersehen könne. Jetzt verstehe ich, was Sie meinten.«

Hier endet die Geschichte. Sōen Rōshi fügte bei, man könne an jedem Ort auf jede Art Zazen üben, das zur Selbstverwirklichung führe. Dabei gingen einem Un-Sterblichkeit und Nicht-Geboren-Werden wirklich auf.

STOSS NICHT VON DIR!

Im *Sutra der vollendeten Erleuchtung*[1] vernehmen wir:

> *Such nicht nach dem Reinen Land, wenn du Zazen verrichtest! Such nicht nach Erleuchtung, wenn du sitzt. Versuch nicht die befleckte Welt fernzuhalten. Unterliegst du Täuschungen, unternimm nicht, sie zunichte zu machen.*

Nichts leichter als das, denkt man. Beim Sitzen im Verschränkungssitz nichts zu suchen, nach nichts zu streben, nichts zu unternehmen, nichts von sich zu weisen, nichts auszulöschen.

Obwohl »von sich weisen« oder »Täuschungen überwinden« verständlich und machbar klingt, sind es trügerische, wenn nicht unmögliche Unterfangen. »Nicht-Fernhalten« scheint dagegen ein Ding der Unmöglichkeit, und ist doch, wie es sich im Wesentlichen, in Wahrheit verhält.

Das Sutra fährt fort:

> *Erkenne, dass Täuschung nichts anderes ist als die Ausprägung von MU.*

Die Betonung liegt auf »erkenne«. Auch die unreine Welt ist nichts anderes als MU. Das Anhalten der Gedanken ist nichts anderes als MU. Realisiere, erkenne DIES!

Gedanken zu denken findet ihr verwerflich; die befleckte Welt haltet ihr für Gift, Irrtümer für etwas Übles. Ihr versucht, sie fernzuhalten, stosst sie von euch und strebt nach Erleuchtung, nach dem Reinen Land. Realisiert statt dessen, wer und was ihr seid,

---

[1] Jap. *Engakukyō, Engakkyō*; im chinesischen Buddhismus entstandenes, besonders der *Kegon*-Schule wichtiges Sutra

dann erweisen sich Reinheit und Befleckheit als gleichermassen MU. MU, eine Silbe für etwas, das man nicht benennen kann, für ES. »*Nennt kalt nicht kalt, heiss nicht heiss!*« Es sind bloss Wörter. Umschreibt MU nicht! Entdeckt, lebt, bezeugt MU unmittelbar. Schluss mit Metaphysik! Ich jedenfalls bekomme davon nur Kopfschmerzen.

DER WERT DES SCHWEIGENS

Auf die Frage, durch welches Tor des Dharma ein Bodhisattwa in die Nicht-Zweiheit eingeht, antwortet Manjushrī:

> *Wie ich denke, lässt sich bezüglich aller Dinge nichts sagen, nichts erklären, nichts zeigen, nichts wissen. Getrennt von allen Fragen und Antworten, – so ist das Eintreten des Bodhisattwa in den Dharma der Nicht-Zweiheit*[1].

»Wie ich denke«, hebt Manjushrī an. So, wie er es versteht. Aus eigener Erfahrung. Denn DIES kann nicht gesagt, nicht erklärt, nicht gezeigt werden. Wie Manjushrī danach Vimalakīrti auffordert, seine Ansicht zu sagen, verharrt Vimalakīrti in grossem Schweigen.

※

»Donnerndes Schweigen«. Davon kann ich etwas Spannendes berichten. Ein Zen-Priester wurde in Tokio um Vermittlung in einem Streit zwischen zwei Eheleuten gebeten. Also sprachen eines Tages der Mann im besten Alter und seine Ehefrau vor. Nachdem der Priester sich zuerst die Ehefrau angehört hatte, und ihm einleuchtete, was sie vorbrachte, dachte er bei sich: »Kein Wunder, dass sie sich scheiden lassen will«. Dann hörte er sich an, was aus der Sicht des Ehemanns gegen eine Scheidung sprach, und auch das schien ihm vollkommen einleuchtend. Er wollte die Ehe retten, wusste aber nicht, wie er es anstellen sollte. Deshalb sass er schweigend da und sagte nichts und dachte nach.

---

[1] Sutra der Lehre Vimalakīrtis, achtes Kapitel, zweiunddreissigster Abschnitt. Übersetzung von Heinrich Dumoulin, Geschichte des Zen-Buddhismus, Band I, S. 57

Als die Eheleute sahen, wie sehr es ihm zu schaffen machte, begannen sie sich zuzuflüstern: »Schau, wie er unseretwegen leidet. Das geht doch nicht, dass er sich wegen uns abquält. Wenn wir zwei uns verständigen könnten, wäre die Sache erledigt.« Sie einigten sich: »Du hast recht; ist schon richtig...«

Nach zehn Minuten priesterlichen Leidens und Schweigens hatten sie ihr Problem aus eigener Kraft gelöst.

Das mag euch zu »asiatisch« vorkommen, und doch gibt es das. Manchmal gilt eben: je weniger Worte, desto besser.

Etwas Ähnliches wird auch von Ryōkan erzählt. Ryōkan Daigu (1758–1831) war ein bedeutender Dichter und Schreib-Meister, von tiefer Einsicht, einer der grössten, die Japan hervorgebracht hat.

Einst wurde er von seinem Bruder gerufen, weil der mit seinem Sohn nicht mehr zu Rande kam. Der Neffe war ein ungezogener Bengel, der seinen Eltern überhaupt nicht gehorchte. Ryōkan liess sich nur widerstrebend dazu bewegen, die Nacht bei seinem Bruder zu verbringen. Die Eltern erwarteten, dass er dem Jungen ins Gewissen rede, ihn anweise, was er tun, was er lassen solle. Nichts dergleichen geschah. Selbst der Neffe hatte eine Strafpredigt erwartet, aber Onkel Ryōkan sagte kein Wort. Am nächsten Morgen wollte sich Ryōkan ohne Aufhebens wieder nach Hause begeben. Als der Neffe herbeisprang, sah er, wie eine Träne über Ryōkans Wange kullerte. Da vollzog sich mit einem Mal in dem Wildfang eine Wandlung. Einer einzigen Träne wegen.

Auch das ist möglich. Gewöhnlich wächst der Widerstand von Neffen und Nichten, Töchtern und Freunden nur mit der Anzahl Worte, die wir verlieren, ohne genügend Überzeugungskraft zu besitzen.

Dreimal tiefes Schweigen: Vimalakīrtis tiefes Schweigen; Ryōkans tiefes Schweigen und eine Träne; des Tokioter Priesters Schweigen unter Kopfschmerzen. Das sind Lösungen des Ostens. Im Westen könnten sie etwas anders aussehen. Hier sind Aussprachen Trumpf. Schon möglich, dass sie etwas bewirken. Vielleicht auch nicht. Mag sein, dass Schweigen hilft, oder auch nicht. Es kann jedenfalls nicht schaden, wenn ihr wisst, dass es das gibt. Tiefes Schweigen.

✻

Danach wandte sich der Bodhisattwa Manjushrī an Vimalakīrti und sprach: »Nachdem wir [die versammelten Bodhisattwas] alle unsere Meinung abgegeben haben, bitten wir um deine Auslegung des Dharma der Nicht-Zweiheit«. Da sagte Vimalakīrti kein Wort. Darob lobte ihn der Bodhisattwa der Weisheit: »Ausgezeichnet, ausgezeichnet. Ohne Zeichen und ohne Worte, so ist das Eintreten in den Dharma der Nicht-Zweiheit«.

Es ist wichtig, dass ihr den Wert des Schweigens erkennt.

GEIST SITZT

Das *Sutra der Lehre Vimalakīrtis* ist eine der wichtigsten Schriften im mahāyānistischen Buddhismus. Es drückt das Wesentliche des Buddhismus des Grossen Fahrzeugs und des Zen aus. Das Sutra erzählt eine weitläufige Geschichte, und ich lege euch bloss einen kleinen Ausschnitt vor, um euch auf den Geschmack zu bringen. Danach solltet ihr euch zwei, drei Tage lang das Sutra vornehmen und es studieren. Es liegen davon mehrere Übersetzungen in europäische Sprachen vor.

Vorerst etwas zum Namen Vi-mala-kīrti. Im Sanskrit bedeutet »Vi« – frei von, »mala« – Flecken; »Vimalakīrti« ist der Ruhm des in Gedanken und Geist Reinen.

Das Sutra berichtet von einem begüterten indischen Laienbruder namens Vimalakīrti, der sich durch tiefes Wissen um DIES auszeichnete. Eine vorgetäuschte Krankheit war ihm Mittel zum Zweck der Lehre, sanskr. *upāya*. Viele Freunde eilten herbei, um sich nach seinem Befinden zu erkundigen. Er selbst hoffte auf einen Besuch von Buddha Shākyamuni. Statt dessen versuchte Shākyamuni, alle seine Anhänger zu einem Besuch bei Vimalakīrti zu bewegen. Doch einer um der andere fand eine Ausrede, wieso es ihm nicht möglich sei.

Der erste, den Buddha ans Krankenbett entsenden wollte, war Shāriputra. Shāriputra wehrte ab: »Nein, bitte nicht ich! Obwohl ich weiss, dass ich meinem Lehrer Gehorsam schulde, möchte ich bitten, mich für dies Mal zu entschuldigen.« Auf Fragen Buddhas gab er an, von Vimalakīrti einige Jahre früher bei einem Disput über Zazen vollkommen überwältigt worden zu sein. Shāriputra hatte Vimalakīrti seine persönlichen Vorstellungen davon, was rechtes Zazen sein sollte, unterbreitet.

Vimalakīrti war überhaupt nicht gleicher Meinung: »Weit gefehlt!« sagte er, »du hast es nicht begriffen.« Und dann machte er sich daran, aus eigener Erfahrung und eigenem Wissen schöpfend, Shāriputra über das Meditieren im Verschränkungssitz aufzuklären. Es lief ungefähr auf folgendes hinaus: »Wenn du Zazen verrichtest, hockst du, und der Atem hockt. Genau genommen hockt der Atem. Nicht du sitzest und atmest, sondern der Atem sitzt.«

*

Hakuins Lehrer, Dōkyō Etan (1642–1721), dessen Namen wir im *Tedai Denpō* aufsagen, lebte in einem bescheidenen Tempel in den Bergen der Präfektur Nagano. Wölfe machten die Gegend unsicher. Sie kamen aus dem Wald und fielen Schweine, Kälbchen, manchmal kleine Kinder an. Die Leute im Dorf pilgerten zu Dōkyō Etan und baten, ob er nicht etwas dagegen tun könne. »Einverstanden. Wo seht ihr die Wölfe?« »Sie erscheinen um Mitternacht im Friedhof.« So begab sich der Meister denn zum Friedhof und setzte sich zum Meditieren hin. Um Mitternacht tauchte ein Rudel Wölfe auf. Einer beschnupperte Dōkyō, ein zweiter setzte über seinen Kopf hinweg. Wir würden in einer ähnlichen Lage wildes Herzklopfen bekommen und in Panik geraten, und deshalb wohl umgehend angefallen. Nicht so Dōkyō Etan. Er sass im Atem-Sitz. »Atem-Sitz« – dieser Ausdruck gefällt mir. Die Wölfe heulten und strichen um ihn und schnupperten an ihm herum – eine leckere Mahlzeit für sie, völlig schutz- und wehrlos. Aber seinem tiefen Zazen, seinem tiefen Atem konnten sie nichts anhaben.
    Sie liessen sich nie mehr im Dorf blicken.

»*Zazen, wie das Mahāyāna es lehrt,*
Es gibt keine Worte, es gebührend zu preisen.«

*

Wie Shāriputra sind viele von euch der Ansicht, es gebe da einen materiellen Körper, der sich einer Art geistiger Übung unterziehe.

Eine solche Vorstellung ist der Ausübung von Zazen nur hinderlich. Lateinisch *anima* bedeutet zugleich »Hauch« und »Geist«, wie ihr wisst. Der Geist bewegt den Körper, nicht umgekehrt.

So rang also Shāriputra immer noch um die rechte Auffassung von Zazen, und weil ihm ein Besuch bei Vimalakīrti widerstrebte, bat er Buddha, einen anderen zu schicken [1].

---

[1] Sutra der Lehre Vimalakīrtis, drittes Kapitel, dritter Abschnitt

IM SESSHIN

Hier einige praktische Hinweise zum Zazen: Heute, am fünften Tag des Sesshin, spüren wohl einige starke Schmerzen in den Beinen, aber ihr Zazen ist lauter. Doch sind wir alle ein wenig erschöpft. »Wir brauchen mal eine Pause«, denken wir. Gesetzt, wir täten das, wir müssten morgen von vorne beginnen. Deshalb halten wir trotz aller Schwierigkeiten sieben Tage lang durch.

Heute hat es zu regnen begonnen. Man sagt, es helfe in tiefes Samādhi zu gelangen, wenn man auf den Regen lausche oder auf Insekten oder ein anderes Geräusch in der Natur. Zwar werden euch der *Jikijitsu*, der dem Sesshin vorsteht, und ich ermuntern; besser noch ist es, wenn ihr euch selber Mut zusprecht. »Bleib dabei!« Ein einfacher Satz. »Bleib dabei.« Normalerweise schenken wir solch kurzen Sätzen keine sonderliche Beachtung. Nichts Bewegendes, nichts Tiefes drückt sich darin aus. Heute, am fünften Tag des Sesshin, zu diesem Zeitpunkt kann ich euch keinen bessern Rat geben als: Bleibt dabei!

KŌAN

Das japanische *kōan* kommt von *kōfu*, öffentlich, und *andoku*, Dokument, und meint ein wahrheitsgemässes Zeugnis, im Zen Ort und Zeit, wo Wahrheit an den Tag kommt. Welchen Titel es trage, wer darin zu Wort komme, welche Ereignisse sich auf welchem Hintergrund auch immer abspielen mögen, stets handelt das Kōan von der Buddha-Natur. Unser Kōan ist das Buddha-Wesen.

Es ist uns bewusst, dass es keinen Ort und keine Zeit gibt, die nicht der Wahrheit entsprechen. Von morgens früh bis abends spät arbeiten wir am Tag-für-Tag-Kōan, jap. *genjōkōan*[1].

Die Kōan, mit denen ihr am besten vertraut seid, stammen aus den Sammlungen von *Mumons torlose Schranke* oder der *Niederschrift von der smaragdenen Felswand*. Daneben gibt es das *Buch vom Gleichmut* und die *Hundert Zen Kōan der Eisernen Flöte*, die in Amerika von Nyogen Senzaki und Ruth Strout McCandless herausgegeben wurden. Für amerikanische Student(inn)en von Zen habe ich meine eigene Sammlung zusammengestellt, das *Dai Bosatsu Roku*, in das ich Beispiele aus der Kultur des Westens mit einbezog. Es gibt zeitgenössische Meister, die wie ihre Vorgänger in der Vergangenheit spontan eigene Kōan erfinden, um ihre Anhänger zum Buddha-Wesen zu erwecken. Auch sie werden eines Tages gesammelt werden.

---

[1] Jap. *genjō* bedeutet »im Leben aktualisiert«. *Genjōkōan*, »Der Alltag ist Erleuchtung«, ist der Titel einer Schrift von Dōgen, die von ihm selbst an den Anfang der *Schatzkammer des wahren Auges des Dharma* gestellt wurde.

DIE SPRACHE OHNE WORTE

Mumons torlose Schranke
Achtundvierzigstes Beispiel

DER EINE WEG KEMPŌS

Ein Mönch fragte Meister Kempō in allem Ernst: »In einem Sutra heisst es: ›Die Bhagavats der zehn Richtungen – ein WEG zum Tor des Nirwana‹. Ich möchte gern wissen: Wo ist dieser WEG?«
Kempō hob seinen Stab, zog eine Linie und sagte: »Hier ist der WEG«.

Das indische Wort *Bhagavat* besitzt mehr als sechs verschiedene Bedeutungen und Übersetzungen; im vorliegenden Fall kann man darunter »Buddha« verstehen. Die Buddhas aus den zehn Richtungen des Weltalls haben e i n e n Weg zum Nirwana.

Ich möchte gern wissen: Wo ist dieser WEG?

Von neuem verleitet eine sprachliche Formulierung zum Missverständnis. Ich kann noch so oft betonen, dass auf das unbedingte Einssein abgezielt und nicht in der Sprache der Zweiheiten geredet wird. Sobald jemand hört:

ein WEG zum Tor des Nirwana,

stellt er sich unwillkürlich einen Weg vor und dann ein Ziel, Nirwana. »Machen wir uns auf diesen Weg, so werden wir eines Tages im Nirwana anlangen.«

Diese Problematik der Sprache rührt auch an die Übung von

Zazen. »Sitzen mit MU« erweckt bei einem Hörer den Eindruck, Kenshō, Erkenntnis der Eigennatur, warte auf den Übenden, wenn er nur genügend Ausdauer zeige und die Zeit reif sei.

Umgekehrt führt der Ausdruck *shikan taza*, »Nur-Zazen«[1] zur Annahme, dass »Nur-Zazen« und »Entfaltung der Buddha-Natur« austauschbar sind, wie es Hakuins *Preislied des Zazen* festhält:

> *Indem die Wahrheit sich ewig selbst offenbart,*
> *ist dieser nämliche Ort das Lotosland der*
> *Reinheit, ist dieser nämliche Körper der Körper*
> *des Buddha.*

Nun ist es eines, diese Verse auswendig zu lernen und sich während des Zazen vor Augen zu halten:

> *Dieses nämliche Wesen ist das Buddha-Wesen*
> *Dieses nämliche Sitzkissen ist das Reine Land.*

Ein anderes ist es, das auch wirklich zu spüren, davon überzeugt zu sein. Nur wenn man dafür kämpft, sich mit allen Kräften dafür einsetzt und anhaltend übt, wird man es eines Tages auch verwirklichen, »ver-gegenwärtigen« – denn »eines Tages« ist wieder eine verfängliche Formulierung. Sie scheint auf einen der kommenden Tage zu weisen statt auf das immerwährende eine Heute.

> *Genau dieser Ort ist*

allerdings

> *das Lotosland der Reinheit.*

---

[1] Dōgens Standpunkt vom Verzicht auf alle Gedanken und Vorstellungen bei der Frömmigkeitsübung, auch auf Kōan, der in der Sōtō-Schule weiterlebt.

Das ist richtig. Dennoch befindet sich auf dem Holzweg, wer das freudig zur Kenntnis nimmt und damit vom Land der Verblendungen und Befleckungen Abstand zu halten glaubt.

> *Dieser nämliche Ort ist das Land der Verblendungen und Befleckungen.*

Die Welt der Verblendungen und das Lotosland sind in der Hauptsache eins.

> *Dieser nämliche Körper ist der Körper eines Holzkopfs.*

Das tönt nicht sehr ermutigend.

> *Gerade dieser Körper ist der Körper des Buddha.*

Darin steckt Bestätigung und Irreführung zugleich. Wem sich das Auge des Dharma geöffnet hat, den bringt es nicht aus der Fassung zu rezitieren:

> *Dieser nämliche Körper ist der Körper eines Holzkopfs.*
> *Dieser nämliche Ort ist das Pennerviertel.*

Selbst wenn er dabei Hemmungen haben sollte – wohlklingende Formulierungen wie »Körper des Buddha« oder »Lotosland« beeindrucken ihn deshalb noch lange nicht. Ähnliche Verführungen gehen von den Zeilen des Kōan aus:

> ›*Die Bhagavats der zehn Richtungen – ein WEG zum Tor des Nirwana‹.*
> *Ich möchte gern wissen: Wo ist dieser WEG?«*
> *Kempō hob seinen Stab, zog eine Linie und sagte: »Hier ist der WEG«.*

Was bedeutet das?
Das erste,

> ›Die Bhagavats der zehn Richtungen – ein WEG zum Tor des Nirwana‹,

bedeutet mehr oder weniger dasselbe wie:

> *Die Buddha-Natur durchzieht das ganze Universum und offenbart sich hier und jetzt*[1].

Alle sind zu Recht eingenommen von diesem schönen Stil. Was zählt, ist jedoch, ob unser Atem ebenfalls das ganze Universum durchzieht. Wie oft merken wir das? Nicht in erster Linie um Poesie geht es in den Zeilen:

> *Die Buddha-Natur durchzieht das ganze Universum und offenbart sich hier und jetzt.*

Es gehört zur Aufgabe eines jeden, sich dies stets von neuem zu vergegenwärtigen, Atemzug für Atemzug. Und es geht um die Frage, wie wirksam man die Trennlinien aufheben kann zwischen dem, was wir Vergangenheit, Gegenwart und Zukunft nennen, zwischen »Hier« und »Dort«, zwischen Samsāra und Nirwana. Wie gut könnt ihr diese Grenzmarkierungen löschen, die gar nicht wirklich bestehen, sondern nur als Begriffe existieren?

> *Ich möchte gern wissen: Wo ist dieser WEG?*
> *Kempō hob seinen Stab, zog eine Linie und sagte:*
> *»Hier ist der WEG«.*

---

[1] Aus dem *Ekō*, der »Zueignung«, die der Anführer der Sutra-Rezitation anstimmt.

Hier ist ein Weg: weder Vergangenheit noch Zukunft, sondern jetzt. Dies ist ein Weg: weder da noch dort, sondern hier.

Später bat derselbe Mönch den Unmon um eine Erklärung. Unmon hob seinen Fächer hoch und sagte: »Dieser Fächer springt hoch zu den dreiunddreissig Devas und trifft die Nase des Gottes Taishaku. Wenn ein Karpfen im östlichen Meer von einem Stock getroffen wird, regnet es in Strömen, als ob ein Kübel Wasser umgekippt worden wäre.«

Für solche, die gerade anfangen, tönt das etwas verwirrend. Gerade diesen Teil des Kōan hatte Sōen Rōshi aber am liebsten. Er wandte sich dem Kōan in zahlreichen Teishō zu und war nicht wie ich. Ich erkläre zuviel, leider. Meister Sōen ergriff an dieser Stelle seinen Fächer und versetzte sich einen Schlag auf die Nase.

Es ist vorläufig nicht nötig, dass man jedes Wort versteht. Aber man muss das Wesen der Buddha-Natur erfassen. Sie wirkt auf geheimnisvolle Art. Unmon Bunen Zenji (864–949) sagte, einige Gedanken und Handlungen, einige Nen, gäben aus sich selber heraus Energie ab. Wie bei jenem Experiment, das mit drei Kugeln ausgeführt wird, die an drei Fäden hängen. Schwingt die eine Kugel aus und trifft auf die mittlere, verharrt diese im Stillstand, sprengt aber die dritte weg. Der Impuls fährt durch die mittlere Kugel hindurch; die verhält sich, als wäre nichts geschehen. So müsst ihr euch das Wirken der Buddha-Natur oder des Karma vorstellen. Leider kann man es nicht so leicht beobachten... Eine Handlung vollzieht sich hier, und etwas vollkommen anderes geschieht dort. Beides wird von der Buddha-Natur bewirkt.

Mumon kommentiert *Der eine Weg Kempōs*:

Schon vor dem ersten Schritt ist das Ziel erreicht.

Für gewöhnlich sind wir der Meinung, das Ziel werde nicht erreicht, es sei denn, dass man Schritte unternimmt. Mumon fährt fort:

Und vor dem ersten Zungenschlag [ist] die Rede vollendet.

Eine so beschaffene Welt existiert tatsächlich. Die Schwierigkeit rührt daher, dass die Erfahrungswelt nicht ohne Sprache auskommt. Die Welt an sich, die sehr wohl ohne Sprache auskommt, muss manchmal erklärt werden, in einer Sprache, die der Erfahrungswelt entstammt. Jetzt ist euch klar, wieso ihr »MU« sagt. Bloss MU. Natürlich kann ich eine erbauliche Ansprache halten, wenn ihr das vorzieht. Doch was soll's? Am Ende findet ihr euch mit einem Haufen von irreführenden Vorstellungen wieder. Wie ihr seht, bleibt euch nur MU übrig. Alles weitere übernimmt MU. Mehr kann ich euch nicht sagen.

Der Buddha-Weg ist unübertrefflich –
Ich gelobe, ihn zu gehen,

butsu dō mu jō seigan jō.

Ich gelobe, den Weg fortzusetzen.

VORWÄRTS GEHEN

Mumons torlose Schranke
Sechsundvierzigstes Beispiel

VORWÄRTS GEHEN VON DER SPITZE EINER
STANGE

Meister Sekisō sagte: »Wie willst du von der Spitze einer hundert Fuss hohen Stange vorwärts gehen?« Ein anderer berühmter Altmeister sagte: »Auch wenn einer sitzend auf einem hundert Fuss hohen Mast Erleuchtung erfahren hat, ist es noch nicht die vollständige Sache. Er muss von der Spitze des Mastes vorwärts gehen und seinen ganzen Körper in den zehn Richtungen des Weltalls deutlich zeigen«.

Dieses typische Kōan scheint in der Absicht geschaffen, euch zu verwirren. Ihr wähnt euch in einen Riesen-Zirkus versetzt, als Equilibristen, die auf der Spitze einer dreissig Meter hohen Stange balancieren. Das trifft die Sache aber nicht.

Es kommt vor, dass ihr beim Zazen einen Zustand erlebt, den man als »Hoch« oder dann als etwas »Tiefes« beschreiben könnte. Indessen seid ihr dabei noch nicht »ganz dort«. Noch nicht wirklich erwacht. Meister Sōen bemerkte oft zu mir: »Noch nicht; noch nicht.« Ich sage jeweils: »Macht weiter; *march on!*«

Natürlich wollen die Menschen im Osten so gut wie im Westen ein Ziel erreichen. Also mag man es nicht besonders, wenn einem gesagt wird: »Noch nicht; geh weiter!« Man hört lieber: »Ziemlich bald.« Oder: »Jetzt hast du's.« Und wenn man's hat, was dann? Was folgt als nächstes? Das Universum kennt nirgendwo ein Ende:

Wir grenzenlos der klargefegte Himmel von Samādhi!

Deswegen passt »noch nicht« besser; »geh vorwärts.« Wenn ich mich zurückerinnere, gab es eine Zeit, da dachte ich, ich hätte klare Erkenntnis gewonnen. Heute neige ich eher zu »noch nicht«.

Er muss von der Spitze des Mastes vorwärts gehen und seinen ganzen Körper in den zehn Richtungen des Weltalls deutlich zeigen.

Heisst das nun: Du musst deinen eigenen Körper in den zehn Richtungen des Weltalls zum Ausdruck bringen? Oder heisst es, dass du ohnehin dein Wesen in den zehn (elf, fünfundzwanzig) Richtungen des Weltalls zum Ausdruck bringst, ob es dir nun bewusst ist oder nicht? Ein Übersetzer ist um seine knifflige Aufgabe nicht zu beneiden. Er hat die Wahl zwischen westlicher Genauigkeit und asiatischem Doppelsinn, zwischen dem Imperativ: Du musst! und der Feststellung: Du kannst nicht umhin. Man kann sie nicht einfach nebeneinander stehen lassen. Einfacher wäre, wenn eine Aussage beide Möglichkeiten einschlösse, Erfahrungswelt und Welt an sich. Ich sehe mich jedes Mal, wenn ich aus dem Chinesischen übertrage, mit diesem Problem konfrontiert. Welche der beiden Aussagen soll ich ins Zentrum rücken? Steht dann eine davon auf dem Papier, nimmt man sie für die ganze Wahrheit, und doch ist es erst die halbe.

In der einen Lesart musst du deinen eigenen Körper in den zehn Richtungen des Weltalls zum Ausdruck bringen. In der andern Lesart brauchst du nicht von der Spitze des Mastes vorwärts zu gehen. Du bringst dein Wesen ohnehin in den zehn Richtungen des Weltalls zum Ausdruck.

Ihr fragt: »Wenn dem so ist, wieso müssen wir dann Zazen üben?«

Hier meine Antwort. Solange ihr noch nicht dort angelangt seid, von wo aus ihr erkennt, dass euer Sein – das Dasein des Gongs, die Existenz des Tonbandgeräts, das prächtige Wetter heute, die feuchte Witterung gestern, alle Entfaltungen der Buddha-Natur – de facto nur Ausprägungen von DIESEM sind, solange müsst ihr hart daran arbeiten. Um der Vergegenwärtigung willen, um der Bekundung willen. Ihretwegen halten wir uns an MU, MU und nochmal MU.

WARUM? WIESO?

Rinzai platzte mitten ins Sommertraining auf dem Berg Ōbaku. Er blieb einige Tage und wollte sich wieder verabschieden.
Ōbaku sprach ihn an: »*Du hast die Regeln für das Sommertraining nicht eingehalten, und jetzt willst du gehen, bevor es abgeschlossen ist.*« »*Ich kam auf einige Tage aus Hochschätzung für Euch*«, *entgegnete Rinzai. Ōbaku versetzte ihm einen Schlag und jagte ihn fort.*
Nach einigen Meilen besann sich Rinzai eines Besseren, kehrte um und blieb bis ans Ende des Sommertrainings.

Aufzeichnungen von Rinzai
Pilgerreisen, neuntes Beispiel

Die Formulierung: »*Ich kam auf einige Tage aus Hochschätzung für Euch*«, tönt höflich. Doch das Kommen und Gehen verrät Ōbaku Rinzais Unentschlossenheit. Das war keine Art, einen Gruss anzubieten. Ōbaku bringt Rinzai Interesse entgegen, nimmt sich seiner an, ist ihm wohlgesinnt. Auf die Grussformel – »*Hochschätzung für Euch*« – legt er keinen besonderen Wert. Hauptsache ist, dass Rinzai und ihr entweder kommt und teilnehmt oder fernbleibt.

Ōbaku versetzte ihm einen Schlag und jagte ihn fort.
Nach einigen Meilen besann sich Rinzai eines Besseren...

Warum hat er mir einen Schlag versetzt? Warum hat er mich rausgeworfen? Warum hat er mir einen Schlag verpasst? Wieso hat er mich vor die Türe gesetzt? Das kann nicht bloss mit meiner Person zu tun haben. Es muss einen tieferen Grund geben. Warum?

Er befindet sich in derselben geistigen Verfassung wie ihr, wenn ihr ein Kōan ergründet. Rinzai beschloss, der Sache auf den

Grund zu gehen. »Warum?« Er kehrte um, ging zum Tempel zurück und blieb bis ans Ende des Kessei.

Jahrhunderte später merkte ein Patriarch an, diese Besinnung und Umkehr sei die Wende gewesen, ohne die Zen nach Rinzai nicht, ununterbrochen bis auf den heutigen Tag weitergegeben, am Leben wäre.

NUR-MU

»Nur-Zazen« oder »Nur-MU« wird nicht immer verstanden. »Nur-MU« heisst nicht: »Heute ist mein MU gut. Heute ist mein Sitzen gut.« Das ist nicht »Nur-MU«. Das ist wägendes MU.

»Nur-MU« zu sagen ist leicht. »Nur-MU« zu tun ist unheimlich schwer.

DIE WELT VON MU

Im Tempel Ryūtaku-ji befindet sich eine Hängerolle mit folgender Inschrift von der Hand Meister Gempos:

manzō shichū dokuroshin,

das ganze All mit mir zusammen bildet einen einzigen Leib[1].

Der Meister erklärte uns, wieso ihm dieser Ausspruch besonders lieb sei.

Yamamoto Gempo besass keine höhere Bildung. Als er etwa fünfundzwanzig war, nahm er die Kutte, machte sich auf und pilgerte zu verschiedenen Zen-Klöstern. In einem wurde ihm das erste Kōan in *Mumons torlose Schranke* aufgegeben, *Jōshūs Hund*. Genau wie ihr sass er mit MU. Tag und Nacht MU, Tag für Tag MU, Nacht für Nacht MU. Ob laut, ob unablässig leise bei sich, weiss ich nicht. Wenn man richtig hineinkommt, mache es nicht ich, es tut sich ganz von selber. Das kennt ihr.

Eines Tages kam ein Priester in farbenfrohen Gewändern im Kloster an. Irgend etwas am Widerschein des Sonnenlichts auf dem bunten Gewand, ein Glänzen oder Glitzern und Aufleuchten gestattete es Yamamoto, die torlose Schranke zu überschreiten.

Später, unter Meister Kyūhō, wurde ihm *Shishos Übertragung des Dharma* aus dem *Buch vom Gleichmut* aufgegeben. Der junge Schüler Yamamoto und spätere Meister Gempo sass und sass und brachte schliesslich seine Beobachtung vor den Meister. Sie wurde abgelehnt. Wieder sass und sass er, wieder brachte er seine Beobachtung vor, wieder lehnte der Meister ab. So ging das

---

[1] Aus einem Traktat von Jō (chin. Dschau, 384–414); vgl. *Niederschrift von der smaragdenen Felswand*, vierzigstes Beispiel.

365 Tage lang. Wohl an die hundert Mal ging er zum *dokusan*, dem Einzelgespräch mit dem Meister, hundertmal klingelte der Meister ab, »Klingelingling!«

Als er wieder einmal eine Beobachtung vorbrachte, der Meister mit der Glocke klingelte und Yamamoto sich tief verneigte, versetzte ihm Meister Kyūhō einen heftigen Schlag mit einem Pfeilbogen, den er verborgen hatte. Meister Gempo erzählte, er sei so stark getroffen worden, dass er sich drei Tage lang nicht habe bewegen können. Aber er begriff, was es mit dem *»einen einzigen Leib«* auf sich hatte.

Sein Leben lang war er dankbar für jenes Jahr und den versteckten Pfeilbogen. Wann immer er sich darüber äusserte, kamen ihm Tränen. Aus Dankbarkeit schuf er die Schriftrolle.

Es mag überraschen, dass Yamamoto nicht Rōshi Kyūhō im Dharma nachfolgte. Brennend vor Verlangen, Zen zu meistern, trainierte er unter weiteren sechs oder sieben Meistern, bis er schliesslich Shōunshitsu Sōhan Gempos Schüler wurde, dessen Nachfolge antrat und einen seiner Namen übernahm. Die erste Erkenntnis der Eigennatur hatte er mit *MU* unter einem Meister; sein tiefes Kenshō hatte er mit *Das ganze All...* unter einem andern, und er trat Sōhan Gempo Rōshis Nachfolge im Dharma an. Karma wirkt auf geheimnisvolle Weise, unergründlich, nicht in Worte zu fassen.

Was wurde ihm hinterlassen? Was hat er mit *MU*, was mit *Das ganze All* bekommen? Was wird uns weitergegeben?

Vor Jahren traf ich mit dem Gelehrten Huston Smith zusammen, der unter anderem das Buch »The Religions of Man« verfasst hatte.[1] Wir unterhielten uns über die Weitergabe im Zen. Immer wieder fragte er: »Weitergabe wovon?« Ihm war klar, dass zeremonielles Gewand und Almosenschale, die einem Schüler neben anderem vom Meister übergeben werden, bloss symbolischen Wert haben. Umso eindringlicher war seine Frage: »Weitergabe von was?«

Manche von euch mögen unter dem Eindruck stehen, sie ab-

---

[1] New York: Harper Collins, 1964

solvierten einen Lehrgang. Ich schildere es etwas anders. Wenn der oder die »Lehrer(in)« und der oder die »Schüler(in)« in die Welt von MU eintreten können, findet die Weitergabe des Geistes statt.

Wir befinden uns dauernd inmitten von MU, ohne dass wir uns darüber im klaren sind. Indessen spreche ich von einem Fall, wo beim Eintritt in die Welt von MU klare Kenntnis davon besteht. Wenn sich zwei Spiegel gegenüberstehen, widerspiegeln sie einander bis ins Unendliche. Fällt der Abstand zwischen den beiden Spiegeln weg, tritt keine Spiegelung mehr ein. Statt dessen Unendlichkeit. Zu einer bestimmten Stunde, an einem bestimmten Ort wird sich etwas Geheimnisvolles in der Art ereignen.

In der Tradition von Rinzai geht Kenshō der Übung am Kōan voraus. Dazu gesellt sich, was ich Geistesverwandtschaft zwischen Lehrer und Schüler nennen möchte, eine sich über Jahre hinziehende Verbindung, die darin besteht, die gleiche Wellenlänge zu haben, die Begabung, Gefühle des andern als die eigenen zu erfahren. Eines Tages endlich treten Lehrer und Schüler in die Welt von MU ein. Worte erübrigen sich, Zuhören erübrigt sich, es gibt weder einen Gebenden noch eine Gabe noch wird etwas weitergegeben. Und ist doch Übertragungs-Tag.

Nun ist das nichts, was sich fernab von euch abspielt. Denkt ans Sesshin. Ihr sitzt mich, ich sitze euch im Lotossitz. Es wird nichts gelehrt, nichts gegeben, nichts empfangen. Keiner, der gibt, keiner, der empfängt.

Sprache kann das nicht einfangen. Hier enden Wörter und beginnt Zen. An diesem nämlichen Punkt setzen wir uns einfach und muuu-en.

Es gibt die Vorstellung von den »drei Rädern« – Geber, Gabe und Empfänger –, die leer, Shūnyatā sind. Leerheit oder Gestaltlosigkeit tönt nicht danach, als ob hier jemand besonders viel empfinge. Aber weil DIES unendlich ist, erhaltet ihr viel mehr als die *dreihundert Milchstrassen aus Gold und Silber*.

Kurz, die Schulung in der Überlieferung des Zen nach Rinzai unterscheidet sich grundsätzlich von anderen Schulen mit ihren Noten oder Punkten und Zeugnissen. Sie spielt sich auf einer anderen Ebene, in einer anderen Dimension ab. Man muss das angestammte Denken hinter sich lassen, sonst wird es schwierig, in die Welt von MU einzutreten.

Im Zazen, der Welt, in die man eintritt, geht es nicht um Abschlüsse und Diplome. Alles, was verlangt wird, ist, dass man loslässt, sich auflöst, aufgeht. Anfänglich ist das mit Gefühlen der Angst verbunden. Man befürchtet, seine Identität zu verlieren. In die Furcht mischt sich aber auch Neugier. Man möchte in die neue Welt eintreten und fürchtet sich doch davor. Man kommt nahe an die Grenze heran und schreckt dann davor zurück. »Warte...«. Dabei vergeht geraume Zeit, bis man nahe an die Grenze gelangt. Und dann bräuchte es nur noch einen weitern Schritt – aber man macht einen zurück. »*Der leiseste Zweifel...*« Aus reiner Angst.

Langsam stellt man sich darauf ein, durch Zazen, Teilnahme an Sesshin. Ich nehme an, dass sogar die Hölle weniger schlimm ist, als man sagt, der Himmel weniger überwältigend, wenn man darin aus und ein geht.

Also macht man weiter, voller Angst. Man wiederholt. Eines schönen Tages tritt man in die besondere Welt von MU ein. Dann ereignet sich Kenshō, und die Weitergabe des Dharma geschieht.

Shishō, der Vorsteher, sagte zu Hōgen: »Heute ist ein wichtiger Tag«.

Heute ist ein wichtiger Tag. In welcher Hinsicht? Für die Weitergabe? Für das Umgehen mit den Schmerzen? Mit Ängsten und inneren Widerständen? Weil man lernt, das Karma zu akzeptieren und nicht zu verabscheuen? Heute – immer, wenn »heute« ist, – ist ein wichtiger Tag für euch.

Manzō shichū dokuroshin.

Ihr merkt, welcher Rhythmus und welche Kraft aus dieser Zeile sprechen, selbst wenn ihr die chinesischen Schriftzeichen nicht vor euch sehen und lesen könnt.

Himmel und Erde haben mit mir eine und dieselbe Wurzel.

Es läuft aufs selbe hinaus wie:

Die Buddha-Natur durchzieht das ganze Universum und offenbart sich hier und jetzt.

Sogar der grosse Yamamoto Gempo brauchte ein Jahr dafür, dies Kōan zu bestehen. Meister Yamamoto Gempo focht denselben Kampf aus. Lasst euch also bitte nicht entmutigen!

ABBITTE

Stöhnen: »Die Beine tun uns weh«. Wir können uns glücklich schätzen, dass wir Schmerzen in den Beinen haben, dass wir einen müden Kopf bekommen, steife Schultern, dass uns zu niederer Blutdruck schwindlig macht. Dass sich in all dem der Körper zu Wort meldet, bedeutet, dass »der Tod« noch nicht gekommen ist. Weil wir am Leben sind, können wir MU üben, um unser wahres Selbst zu verwirklichen und – das ist entscheidend – unser Karma zu läutern.

Der mehr als neunzigjährige Gempo Rōshi erzählte eines Morgens Sōen Rōshi, am Vortag habe er möglicherweise einen Besucher mit einem seiner Worte verletzt. »Ich bin dann mitten in der Nacht aufgewacht, habe mich auf den Boden gesetzt und mich, gegen sein Haus gewendet, verneigt und entschuldigt. ›Ich bereue, was ich gesagt habe. Bitte verzeihen Sie mir‹«

Dieses Reuebekenntnis ist von starkem Nen erfüllt. Während wir noch am Leben sind, die Fähigkeit zu denken besitzen, Gefühle hegen, unseren Körper ausdrücken und uns seiner bedienen, leisten wir Abbitte.

Morgens während der Andacht legen wir das *Reuebekenntnis* ab, jap. *sangemon*. Solange wir in unseren Körpern leben, ist das wichtigste, was wir tun, Zazen. Doch unser ganzes Denken und Fühlen, unsere Empfindungen gelten daneben in jedem Augenblick der Abbitte.

Auch auf diese Weise tragen wir dazu bei, unser Karma zu läutern.

KARMA NEU LEITEN

Einsicht zu gewinnen, Verwirklichung zu erfahren ist schwierig. Nicht die körperlichen Hindernisse machen es schwierig. Nicht die gefühlsmässigen oder psychologischen Voraussetzungen, obwohl sie etwas schwieriger zu meistern sind. Der Anteil des Karma daran bereitet die grössten Schwierigkeiten. Das Karma ist das grösste Hindernis.

Meister Tōrei Enji (1721–1792) nannte im *Glaubensbekenntnis des Bodhisattwa* drei Massnahmen, die der Läuterung des Karma, seiner Verschönerung oder Umleitung dienen. Ich behandle sie etwas ausführlicher.

Als erstes nennt er die Verneigung. Wir verneigen uns zwar einige Male am Tag, er dachte aber an Verneigungen das ganze Leben lang. Nicht im Sinn von Gymnastik, sondern mit Bedacht ausgeführt, als ob es sich um eine Yoga-Übung handelte.

Als nächstes nennt Tōrei Enji Zazen. An die dritte Stelle setzt er das *Reuebekenntnis*, die inständige Bitte um Vergebung, Verständnis und Mitgefühl, die von Herzen kommt. Ihr kennt sie aus der Morgenandacht.

Am Zazen ist nicht die körperliche Seite schwierig. Ausschlaggebend ist nicht, ob ihr auf einem Kissen oder auf einem Stuhl oder einer Bank sitzt, oder ob ihr euch einen ganzen Berg von Kissen untergeschoben habt. Ob ihr euren Rücken gerade haltet oder etwas gebeugt, spielt keine so grosse Rolle. Es kommt überhaupt nicht darauf an, ob ihr die Augen geschlossen haltet oder offen. Das sind bloss »Blätter und Zweige«, Geringfügigkeiten.

Das Wesentliche ist Karma. Mit fleissigerem Zazen, einer grösseren Anzahl Verbeugungen, eingehender Läuterung eures Herzens vermögt ihr eurem Karma eine andere Richtung zu geben.

Ich will euch gleichwohl etwas sagen – ob ihr an den Buddhismus glaubt oder nicht (was wiederum karmisch bedingt ist): In soundsoviel Jahren werden wir alle mit Auszeichnung sterben. Nicht eine(r) wird dabei durchfallen. Das ist jedoch nicht das Ende. Die Körper zerfallen. Das Karma wirkt fort. Unter günstigen Umständen wird es geboren – nicht wiedergeboren, sondern in anderer Form wiederkehren. Es werden neue Umstände sein, mit einem neuen Namen, aber sie werden das Karma in sich tragen. Wer Zen ausübt, läutert sein Karma und lenkt es in eine neue Richtung.

Eine der grössten Errungenschaften des Buddhismus im zwanzigsten Jahrhundert ist, diese Vorstellung von Karma in den Westen gebracht zu haben. Und an nächster Stelle steht Zazen.

Dō

Weg

Shimano Eidō

WOHER KOMMEN, WOHIN GEHEN WIR?

Rinzai langte im Kloster von Ryūkō an.

Eine Pilgerreise im engen Sinn führt an heilige Stätten und zu heiligen Tempeln. Im weiteren Sinn meint es die Lebensreise von der Geburt bis zum Tod. Und im weitesten Sinn bedeutet es den Weg vom Ursprung ohne Anfang bis zum Ausgang ohne Ende.

Daisetz Suzuki (1870–1966) nimmt alle drei Bedeutungen auf in einem Abschnitt seines Buchs *The Training of the Zen Buddhist Monk* (»Der Werdegang des Zen-Mönchs«)[1]

> *Woher holt uns die Geburt, wohin bringt uns der Tod? Wer dies Woher und Wohin kennt, gilt als echter Buddhist. Aber wer ist es, der Woher und Wohin kennt? Wer erleidet Geburt und Tod? Wer ist es, der das Woher der Geburt und das Wohin des Tods nicht kennt? Wer ist es, der Woher und Wohin plötzlich erkennt? Wer, der diese Qual erleidet? Wenn Sie erfahren wollen, wer es ist, müssen Sie in die Tiefe Ihres eignen Seins hinabtauchen, wo kein intellektuelles Verstehen möglich ist. Wenn Sie das tun, werden Sie erkennen, dass es einen Ort gibt, an den weder Geburt noch Tod reichen.*

Statt dass ihr euren Freund(inn)en das nächste Mal sagt, ihr würdet euch für eine Woche in ein Sesshin zurückziehen, sagt, ihr geht auf eine Pilgerreise.

---

[1] Kyōto: Buddhist Society, 1934. New York, Globe Press Books (o. D.), Seite 7

ENTSAGEN

Was für Beweggründe veranlassen einen Menschen, Nonne oder Mönch zu werden? Sie können nicht leicht genannt werden. Ich will es trotzdem versuchen.

Alle habt ihr einen Beruf oder einen bestimmten Lebensstil gewählt. Einige sind mit ihrer Wahl zufrieden. Einige andere vernehmen eine schüchterne Stimme in ihrer Brust. »Eigentlich könntest du mit deinem Leben zufrieden sein, es geht dir gut. Und doch, was bringt es dir?«

Wenn ihr hundert Prozent zufrieden seid mit dem, was ihr tut, müsst ihr nicht Nonne oder Mönch werden. Wenn ihr aber von Zeit zu Zeit diese stumme Frage hört: »Was bringt es dir?« dann fehlt euch etwas, ob ihr nun Sozialarbeiterin seid oder Arzt, Künstler oder Geschäftsfrau, und dann möchtet ihr dieses Vakuum füllen. Der Grund, wieso ihr euch immer wieder in einem Zendō einfindet, ist das eingestandene oder uneingestandene Bedürfnis, die Lücke zu füllen. Deshalb werdet ihr für fünfundvierzig Minuten oder für ein Wochenende oder eine Woche lang zu Nonnen oder zu Mönchen.

Der grosse Unterschied zwischen anderen hochstehenden Berufen und Tätigkeiten und diesem »Job« ist, dass es hier ums Entsagen geht.

Diese Ausrichtung gilt gewöhnlich nicht für andere berufliche Tätigkeiten. Sie stehen im Zusammenhang mit materiellen Gütern, aber auch geistigen »Dingen«. Vieles besitzen zu wollen, das ist das Gegenteil von Verzicht üben, auf alles verzichten können. Wo das vergessen oder wo dem nicht nachgelebt wird, besteht kein Unterschied mehr zwischen den »ordinierten« Priester(inne)n und gewöhnlichen Leuten.

Zur Nonne oder zum Mönch geweiht zu werden bedeutet nicht, dass man von Stund an jemand ist, der verzichtet hat. Zum äusseren Zeichen der Entsagung mag man sich das Haupthaar abschneiden, und man kann dies jahrein, jahraus wiederholen und die dunkle Kutte tragen. Das heisst noch lange nicht, dass man auf Angriffslust, Anmassung, Stolz, Habsucht, Wut usw. verzichtet hat. Aber man gibt sich zumindest einen Anstoss in diese Richtung.

Ihr kommt demnach zusammen, alle mit eurem persönlichen Lebensstil, und je mehr ihr über das Leben nachdenkt, desto schonungsloser seht ihr euer eigenes. Und früher oder später bleibt nur ein Weg, den ihr einschlagen könnt. Der Weg einer Nonne oder eines Mönchs. Früher oder später, nicht notwendigerweise bereits in diesem Leben. Vielleicht werdet ihr euch nach zahllosen Leben eine Richtung geben. Sie wird verschieden sein von anderen Richtungen, und sie wird zum Verzicht führen. Nur auf diesem Weg werdet ihr Gemütsruhe finden, und nur auf ihm könnt ihr eure Mitmenschen durch euer Dasein, eure Handlungen und eure Worte an eurem Seelenfrieden teilhaben lassen.

Alle andern Beschäftigungen zielen in die umgekehrte Richtung. Da geht es um Gewinn, Planziele, Erträge. Und ihre Begleiter sind Ängste und Nöte.

Zu verzichten scheint euch reichlich idealistisch und naiv. Die den Entschluss fassten, Nonne oder Mönch zu werden, haben damit in heiklen und aufreibenden Kämpfen gerungen, bis sie soweit waren. Und wie der Kampf auch verlief, immer ging es um Verzicht. Und danach müssen sie in derselben Richtung vorwärts gehen.

Natürlich reagieren sie als Menschen gefühlsmässig. Gereiztheit und Verärgertheit können in ihnen aufkommen. Doch im selben Augenblick müssen sie sich sagen, dass sie Nonnen und Mönche geworden sind und sich dem Verzicht verpflichtet haben. Also müssen sie sich anstrengen, ungemein anstrengen. Da reicht ein Leben, da reichen einige Leben nicht aus. Der Schüler von Zen-Meister Yasutani, Harada Sōgaku (1870–1961), wurde im hohen Alter von neunzig Jahren gefragt, wohin er nach seinem Tod gehen werde. Er antwortete: »Ich gehe nach Amerika, um dort geboren und ein amerikanischer buddhistischer Mönch zu werden«.

Man entschliesst sich nicht erst nach ein paar Jahren der Besinnung, eine Nonne oder ein Mönch zu werden. Dahinter stehen nicht wenige Leben, in denen man das dauernd bedacht hat. Eines Tages erlauben es die karmischen Bedingungen und man ist bereit für die Weihe.

Wir haben in dieser Angelegenheit, Nonnen- oder Mönchtum, keine Wahl. Früher oder später werdet ihr alle Nonnen oder Mönche werden. Es ist mir ganz klar, dass sich einige in eurem Herzen vor dem verschliessen, was ich sage. »Ich sicher nicht« denkt ihr euch. Ich lasse euch euren Widerstand; umgekehrt müsst ihr mir erlauben, dass ich sage, was ich weiss: ihr habt keine andere Wahl, früher oder später.

Ordiniert zu werden und zu verzichten ist die beste Lebensart. Im zwanzigsten Jahrhundert ist ein solches Leben mit grossen Schwierigkeiten verbunden. Wir sind keine Inder oder Chinesen des Altertums, die von ihrer kulturellen Umgebung alle erdenkliche Unterstützung bekamen. In Amerika ist der Buddhismus etwas verhältnismässig Neues, in Europa ist er noch jünger. Es lässt sich leicht über das »spirituelle Leben« reden, weniger leicht lässt es sich in den Vereinigten Staaten oder Europa leben, vom modernen Indien oder Japan ganz zu schweigen. Aber so schwer ist es auch wieder nicht, sich den Kopf zu rasieren und seiner Gefühle Herr zu werden.

Bedeutet, Nonne oder Mönch zu werden, eine neue Stellung zu erringen? Nein, man darf darin nichts Besonderes sehen. Wenn man das tut, verzichtet man nicht. Zu denken, jetzt sei man verschieden von den anderen, ist nicht verzichten. Alle wissen aus eigener Erfahrung, was Verzicht ist; Nonnen und Mönche fühlen sich dieser einen Haltung besonders verpflichtet.

An einem bestimmten Punkt, nachdem ein gewisses Mass von Entsagung erreicht wurde, hilft der Dharma weiter. Zwischen Entsagung und Hilfe durch den Dharma gibt es einen geheimnisvollen Zusammenhang. Natürlich rechnet man nicht mit diesem Beistand. Er tritt aber ein, sobald ein bestimmtes Ausmass an Verzicht geleistet worden ist.

Die dunkle Kutte und der kahle Kopf sind Zeichen des Dharma. Entgegnet nicht: »Wir sind doch in Amerika«. Ich spreche über buddhistische Nonnen und Mönche, nicht über den Fernen Osten oder den Westen. Sicherlich habt ihr alle schon Bilder von buddhistischen Mönchen in Ländern des Theravāda-Buddhismus gesehen, wie sie in ihren orangen Roben gemessen dahinschreiten. Ihnen zuzusehen wirkt wie Ambrosia und Nektar, wie der erfrischende Regen heute. Der Anblick stillt den Durst in unseren Herzen. Etwas, das gefehlt hat, wird einem vorübergehend zuteil.

Nonne oder Mönch zu werden ist verdienstvoll. Man entschliesst sich dazu nicht, um berechtigt zu sein, Abdankungen abzuhalten. Sie gehören zwar dazu. Die Priester(innen) in Amerika und Europa sind aber – anders als etwa in Japan – beinahe frei von solchen Verpflichtungen. In dieser Beziehung ist ihr Amt »reiner«. Sie verzichten, machen Zazen und können die Menschen ihrer Umgebung an ihren wohltuenden Schwingungen teilhaben lassen. Sie lernen, Gemütsruhe, Friedfertigkeit, Eindeutigkeit, Klarsichtigkeit und Zufriedenheit weiterzugeben und empfangen dafür auf geheimnisvolle Art Dank.

Wonach könnte noch verlangen, wem das Erlöschen sich zeigt?

Hakuin, Preislied des Zazen

Meister Shūhō Myōchō (1282–1337), bekannt unter dem Ehrentitel Kōzen Daitō Kokushi (»Landesmeister Daitō«), sprach dies in seiner *Abschiedsermahnung*, jap. *yuikai*, an:

O Ihr Mönche, ihr habt euch in diesem Bergkloster dem Üben des Verzichts zuliebe versammelt, nicht für Gewänder oder Nahrung. Solange ihr Schultern habt, werdet ihr Kleider zum Tragen haben, und solange ihr einen Mund habt, werdet ihr zu essen haben.

Solange ihr Verzicht übt, kommen Nahrung und Roben von alleine. Wie, verstehen wir nicht ganz, aber es geschieht tatsächlich. Auch diejenigen, die nicht in nächster Zeit die Weihen empfangen werden, sollen bedenken, dass im Zazen jedes Mal, jeder Atemzug Entsagen heisst. Ich werde von euch selbstverständlich nicht verlangen, dass ihr überhaupt keine Gedanken habt. Bereits immer weniger Gedanken zu denken ist Verzicht. Das Leben des Sangha zunehmend weniger zu stören ist Verzicht. In diesem Sinn üben alle Anwesenden Verzicht, sind wir alle miteinander geweiht.

VIERTER TEIL
TEISHŌ IM GEIST VON RINZAI

Einleitung 151
Offene Tür 153
Was hat es zu bedeuten? 158
Wie-Es-Ist-ieren 166
Er lief und lief 169
Nein, sie tun es nicht 179
Triffst du Buddha... 185
Tag der Unabhängigkeit 192
Kannst du nichts-tun? 197
Das Verlassen des Käfigs 205

EINLEITUNG

Im vorangehenden habe ich mich oft auf das *Rinzairoku* bezogen, die Aufzeichnung von Meister Rinzais Worten und Unternehmungen. Meine Absicht war, euch auf den Geschmack dessen zu bringen, was als Rinzais Zen bekannt geworden ist.

Es kommt vor, dass ich in einem Sesshin beim Teishō von einem der Kōan aus den verschiedenen Sammlungen ausgehe, doch zitiere ich im folgenden öfter aus den *Aufzeichnungen von Rinzai*. Auf diese Weise lernt ihr durch Lesen, Ergründen und Anwenden den Patriarchen des Zen mit Namen Rinzai schätzen und verbindet euch mit allen Schülern in seiner Nachfolge und mit künftigen Geschwistern im Dharma.

»Teishō« bezeichnet im engeren Sinn die Darlegung des Dharma während eines Sesshin, doch gibt es eine umfassendere Bedeutung. Das Teishō jeder einzelnen Person ist ihr zur Geltung gebrachtes Zazen. Bewusst oder unbewusst hält jeder ständig ein Teishō. Selbst wenn ihr kein Sesshin mitmachen könnt, versucht ihr doch, eure Achtsamkeit zu verbessern, eure Aufmerksamkeit zu vergrössern und euer Mitgefühl zu vertiefen. Und die Ergebnisse dieser Bemühungen werden von den andern wahrgenommen.

Hier ein Beispiel aus dem Klosterleben – ihr werdet verstehen, dass man es übertragen kann. In den Anweisungen für den Anführer der Sutra-Rezitation heisst es: »Dreimaliges Anschlagen der Glocke«. Ob es beim einen tönt wie »din – din – din«, beim andern wie »tiing – gtiinng – tiiing«, in beiden Fällen entspricht es dem Anschlagen der Glocke. Niemand schreibt im Subtrabuch vor: »Schlag ernst, achtsam, diing – diinng – diiing«. Jemand möchte vielleicht anmerken: »Tu es gemessen«, doch kann auch das verschieden aufgefasst werden. Das Anschlagen der Glocke ist das Teishō jedes Anführers beim Rezitieren der Sutras, das am betreffenden Tag zur Geltung gebrachte Zazen.

Hier nun einige meiner eigenen Teishō, Ausdruck oder Bekundungen von mir selbst. Hoffentlich werdet ihr dank der vorangehenden Teile dieses Buches verstehen, was ich sagen möchte.

OFFENE TÜR

Gerade als der *Dai Bosatsu Zendō*[1] im Bau war und die Finanzierung sichergestellt, geriet alle Welt, wie ihr euch erinnern mögt, in Aufregung über das Erdöl-Embargo und die Geldentwertung. Ich wurde ganz und gar vom Bau in Beschlag genommen, und es schien kein Entkommen zu geben aus dem Wahnsinn aller damit zusammenhängender Schwierigkeiten. Ich konnte scheinbar nichts dagegen tun. Ich hatte keinerlei Einfluss auf das Weltgeschehen. Ich kam mir machtlos, unfähig, eingeschränkt vor. Da dachte ich, es sei wohl das Beste, mich für eine Woche zurückzuziehen. Ich bezog ein kleines Haus auf dem Gelände des DBZ. Ich ass und schlief wie gewöhnlich, daneben führte ich aber »Tage der offenen Tür« durch. Das heisst, ich öffnete mein Herz. Ich öffnete mein ganzes Wesen und lud die Kräfte des Universums ein – Sonnenkraft, Mondkraft, Sternkraft, Tierkraft, Menschenkraft, Pflanzenkraft, Steinkraft, Seekraft – einzutreten in mich, während ich einen Gesang anstimmte. Ich rezitierte das *Dhāranī vom strahlenden Licht:*

> *On abo ky*
> *Bei rosha no*
> *Maka bo da ra*
> *Mani han, do ma jim, ba ra*
> *Hara bari ta ya un.*

Ich rezitierte diese Verse ein Mal über das andre, ja unzählige Male. Merkt euch das für den Fall, dass ihr in eine ähnliche Lage kommt, wo ihr weder vor noch zurück und auch nicht stehenbleiben könnt. Wenn ihr vor einem Problem steht und euch Gefühle der

---

[1] Der Dai Bosatsu Zendō Kongō-ji ist Eidō Rōshis Tempel in den Catskill-Bergen im Staat New York, er wurde am 4. Juli 1976 eingeweiht.

Niedergeschlagenheit und Ausweglosigkeit überkommen. Eines könnt ihr dann tun, nämlich »Tage der offenen Tür« abhalten. Mit andern Worten, öffnet euer Herz!

Denkt nicht: Ich bin bloss ein kleiner Erdenzwerg, mein Herz ist nicht gross genug, ich kann sowas nicht. Das wäre eben, was ich typisch Holzkopf nenne. Zieht euch zurück, öffnet Tür und Tor und ladet die gesamte Allkraft – von Herzen – zum Besuch. Zu eurem Erstaunen werdet ihr allmählich spüren, dass ihr mehr seid, als ihr denkt. Ihr könnt mehr bewirken, als ihr glaubt. Als Gegenleistung könnt ihr euer eigenes Wesen strahlen lassen. Ihr braucht gar nicht zu sprechen. Euer Wesen spricht, und seine Rede ohne Worte ist beredter als aller Wortreichtum.

All das lehrt mich Zazen. Im *Preislied des Zazen* formuliert Meister Hakuin:

Zazen, wie das Mahāyāna es lehrt,
uns fehlen die Worte, es gebührend zu preisen.

Wir können noch so oft darüber sprechen, es ist nie genug des Lobs. Man kann Zazen vielerlei Bedeutungen geben, eine davon ist gewiss »Einswerden«. Eben, eine offene Tür. Öffnet euch! Öffnet euer Sein und gewährt der Allkraft ohne Furcht Eintritt.

Ängstlichkeit ist sehr problematisch. Man wagt nicht, etwas anzupacken, aus Angst, es könnte fehlschlagen. Umgekehrt tragen wir uns mit Schuldgefühlen, weil wir zu zögerlich sind. Wir möchten nicht für faul gelten, aber wir möchten auch nicht versagen. Eine verflixte Angelegenheit. Der Zen-Buddhismus hält darauf eine ganz klare Antwort bereit.

Was ich euch jetzt vorlege, glaubt ihr mir vielleicht nicht: Was ihr in diesem Augenblick mit euren Augen, Ohren, Nasen, Zungen, Händen und in eurem Geist wahrnehmt und in greifbarer Nähe wähnt – es ist weit davon entfernt. Es sind dies alles zeitlich bedingte Erscheinungen. Ihr haltet sie für wirklich, und da liegt der Fehler. Lasst es mich vom Standpunkt des wahrhaftig Wirklichen aus sagen. Zu gegebener Zeit, nachdem ihr voller Hingabe Zazen geübt habt, werdet ihr erkennen, dass, was ihr euch geistig vorstellen könnt, nicht alles umfasst, was existiert. Ihr meint, aus Gesprächen, Büchern, eigenen, von Furcht oder Hoffnung genährten Vorstellungen ein klares Bild von Kenshō zu gewinnen. Hundert Menschen werden hundert diesbezügliche Erwartungen haben. Jeder denkt: Das muss es sein! Leider verbauen solche fixen Vorstellungen dem geistigen Wachstum den Weg. Was wirklich eintritt, ist nicht, was ihr euch jetzt ausdenkt. Was passiert – (hier bin ich und spreche darüber und gebe Anlass zu neuerlichen Erwartungen euerseits, aber das ist unser menschliches Karma!) – was geschieht, ist das Gewahrsein von Shūnyatā, Leerheit.

Was ich im Moment fühle, ist mein Dasein: ich verspüre Schmerzen; ich empfinde Freude; ich habe Kummer. Ich kann sprechen, zuhören, denken, schmecken und phantasieren. Allein bei der wahrhaftigen Erkenntnis verschwindet das alles. Alles ist weg. Dorthin, wohin uns unser Vorstellungsvermögen nicht entführen kann. Wegdenken können wir uns zwar einiges, aber nicht die Erde, den Mond, das ganze Universum...

Etwas ist sich in diesem Zustand aber bewusst, dass alles verschwunden ist. Ich habe diesem Etwas den Namen »reines Bewusstsein« gegeben. Dieses reine Bewusstsein ist nichts, was mir angehört; es gehört zu jedem. Ihr fragt: »Wer kann sagen, wer weiss, dass alles abwesend ist?« Allein das reine Bewusstsein.

Dann, im Handumdrehn, belebt sich alles von neuem. Ich bin erst recht ich, es ist erst recht es.

Ob in einem starken Ausmass oder vorerst noch schwach, ob vollkommen klar oder erst undeutlich, wenn besagte Wiederbelebung eintritt, sehen wir ein, dass all unsre Befürchtungen vollkommen unbegründet waren.

Das *Diamantsutra* sagt:

Alle zusammengesetzten Dinge sind wie ein Traum
Ein Phantasiegebilde, eine schillernde Blase und ein Schatten

Sind wie ein Tropfen Tau und die Spur des Blitzes.

Die Dinge sehen aus, als existierten sie, doch sind sie nicht zu fassen, nicht festzuhalten.

Auf diese Art betrachte die flüchtige Welt.

Unser Verstand sträubt sich gegen diese Sicht auf die Dinge; die Erfahrung lässt uns keine andere Wahl.

Wer dies durchgestanden hat, von dem weichen Befürchtungen, ein Versager zu sein, Versagensängste. Auch das Verlangen nach Erfolg bei diesem oder jenem Vorhaben. Das soll nicht heissen, dass wir bequem werden. Vielmehr wissen wir jetzt Moment für Moment den Atem, die Luft, Wasser, unser Dasein auf Zeit, Freundschaften, die nicht für die Ewigkeit sind, vorübergehende Pläne, die kommenden und gehenden Dinge überhaupt erst zu würdigen, richtig zu schätzen. Das ist schliesslich der Sinn unseres Zen-Trainings.

Wenn wir nicht zu dieser Sicht, zu diesem Standpunkt finden, können wir niemals wirklich zur Ruhe kommen, werden wir immer unbefriedigt bleiben.

Es folgt ein Wortspiel, das aber etwas für sich hat: »Unerfüllt« und »Erfüllung« haben mit »Füllung« zu tun. »Unerfüllt« heisst »ohne Füllung«. Um auf das »offene Haus« zurückzukommen: Bedenkt euer eigenes Dasein. Betrachtet es als euer Haus, als ein Behältnis. Fleisch und Blut, ein Apfel, Couscous, Hirnmasse, Gefühle, Gedanken. Unzählige Inhalte, und trotzdem sagen wir, wir fühlten uns leer! Ein Behältnis, vollgestopft bis zum Rand mit Dingen, inbegriffen unsere Buddha-Natur, und wir sagen, wir fühlten uns unerfüllt!

Einige meinen, es liege am Inhalt: Was ich hab', das will ich nicht, und was ich will, das hab' ich nicht. Wenn ich bloss tauschen könnte...

Nie und nimmer! Selbst wenn ihr wieder und wieder

tauschen könntet, ihr würdet euch nicht ausgefüllt vorkommen. Erfüllung findet ihr hier und jetzt. Gerade so wie ihr seid!

WAS HAT ES ZU BEDEUTEN?

Niederschrift von der smaragdenen Felswand
Dreiundsiebzigstes Beispiel

BASOS HUNDERT VERNEINUNGEN

Ein Mönch forderte Baso auf: »Sagt – unabhängig von den vier Hauptsätzen und über die hundert Verneinungen hinaus –, welche Bedeutung hat Bodhidharmas Kommen aus dem Westen?«
Baso gab zur Antwort: »Heute bin ich müde, ich kann es dir nicht erklären. Frag Chizō danach.«
Der Mönch wandte sich an Chizō, welcher sagte: »Wieso fragst du nicht den Meister?«
Der Mönch erwiderte: »Er wies mich an, dich zu fragen.«
Darauf antwortete Chizō: »Heute hab' ich Kopfschmerzen, ich bin nicht imstande, es dir zu beantworten. Frag doch Bruder Ekai.«
Der Mönch fragte Ekai. Der entgegnete: »Was diesen Punkt betrifft, verstehe ich nichts.«
Der Mönch berichtete Baso davon. Der stellte fest: »Chizōs Kopf ist weiss; Ekais Kopf ist schwarz.«

Hakuun Shitsu Yasutani Ryōko Zenji schätzte dies Kōan vor allen andern. Dies und *Jōshūs Hund*. Das folgende sei Yasutani Rōshi in Dankbarkeit zugedacht.

Der Kernsatz fürs heutige Teishō ist:

Welche Bedeutung hat Bodhidharmas Kommen aus dem Westen?

Warum kam Bodhidharma von Indien nach China? Nehmen wir dies Kōan wörtlich auf, und fragen wir im Ernst, wieso der ehrwürdige historische Bodhidharma eine Reise von Indien nach China unternahm, und erwarten wir eine Antwort, die mit: »Weil...« beginnt, dann kommen wir nirgendwo hin. Wir stellen nicht die übliche Frage nach dem »Wie« und »Warum«. Wir behandeln keine Begebenheit im alten China. Wir betreiben nicht Geschichte des Zen. Wir weisen auf jedes Faktum als auf ein Geschehen hin, wie das *Glaubensbekenntnis des Bodhisattwa*, wenn es heisst:

In jedem Geschehen, jederzeit und an jedem Ort...

Besser noch:

In jedem einzelnen Begebnis, in jedem Augenblick und an jedem Punkt offenbart sich nichts anderes als Buddha-Natur, kommt Bodhidharma aus dem Westen.

Und wenn es euch gelingt, die merkwürdige Frage nach der Bedeutung von Bodhidharmas Kommen aus dem Westen mit der Aussage: »das unmittelbare Geschehen, in diesem selben Augenblick, gerade hier« zu verbinden, wenn euch diese Verbindung glückt, dann ist das Kōan leicht zu verstehen.

Yasutani Rōshi pflegte uns zu Beginn seiner Ausführungen anzuhalten, besonders aufmerksam zuzuhören. Er brauchte in dem Zusammenhang den Ausdruck »mit dem Bewusstsein eines blütenweissen Papiers«. Und dann sagte er: »Wenn ich geendet habe, wird jeder von euch erleuchtet sein«. Er sagte es zum ersten Mal in Amerika, zu einer Zeit, als alle über Kenshō redeten und jedes zweite Wort Erleuchtung hiess. Und so waren die Menschen wirklich aufmerksam und hörten zu – nur erweckt war niemand danach. Aber auch das ist nichts anderes als Bodhidharmas Kommen aus dem Westen. Wir neigen dazu, alles wörtlich zu nehmen. Wir leben jedoch in der Welt der Erfahrung.

Zum Beispiel rezitiert ihr jeden Morgen bei der Andacht:

Mit dem Herzsutra und dem Dhāraṇī vom grossen Licht verbinden wir uns mit dem Alleben...

Dabei denkt ihr: Gewöhnlich lebt jeder für sich, nun wollen wir uns aber anstrengen und uns zusammenschliessen. Wieder spielt uns die Sprache einen Streich. Die Meinung ist, dass wir vom anfangslosen Anbeginn an schon immer verbunden waren und nicht getrennt werden können. Nehmt das als Tatsache! Es wird nie eine Trennung geben zwischen »uns« oder »ich« und dem »*unendlichen Bereich des Allebens*«.

Um es kurz und einfach zu machen, brauche ich den Ausdruck: »Dies Etwas«. Wenn ich von »Bodhidharmas Kommen aus dem Westen« spreche oder von »Was ist der Ton der einen Hand?« von »Was ist dein Urantlitz, bevor deine Urgrosseltern geboren wurden?« oder von »MU«, dann entsteht eine schummerige und exotische Stimmung. Das kann doch alles durch »Dies Etwas« ausgedrückt werden.

Dies Etwas darf nicht mit menschlichen Empfindungen gleichgesetzt werden. Natürlich stimmt es vom gewöhnlichen Standpunkt aus, dass Geburt gleich Glück, Tod gleich Trauer bedeutet. Diese Gefühlsbetontheit verstellt uns aber die Sicht auf das Wesentliche. Geburt ist Dies Etwas. Tod ist Dies Etwas. Zusammentreffen ist Dies Etwas. Kämpfen ist Dies Etwas. Wohlergehen ist Dies Etwas. Kranksein ist Dies Etwas. Als menschliche Wesen kennen wir indessen Bevorzugungen. Manche dieser Etwas mag ich, andere nicht. Durchaus verständlich. Der Zen-Buddhismus bestreitet das nicht. Der Zen-Buddhismus hebt dagegen hervor: Bevorzugungen und Verhaftetsein behindern die Sicht auf Dies Etwas.

Um dieses klebrige Anhaften zu überwinden, üben wir Zazen. Indem wir es überwinden, nehmen wir jedes Begebnis als solches wahr, jedes einzelne Ding als jedes einzelne Ding und als nichts anderes denn die verdichtete Bezeugung der Allkraft.

In einem Teishō wird also immer aufs neue betont: »Fass Dies Etwas ins Auge!« Zwar sieht, hört, schmeckt jeder augenblicklich schon Dies Etwas, und doch haltet ihr unsrer seltsamen Denkvorgänge zufolge irgendwo aussen danach Ausschau.

Wird Dies Etwas erfasst, bleibt Traurigkeit selbstverständlich Traurigkeit, und Freude bleibt Freude. Aber die Sichtweise, die Einstellung dazu ändert sich. Normal gesehen zeigt man Vorlieben. Aus dem transzendentalen Blickwinkel gesehen, ist ein Ding ein Ding, ohne Beimischung von Urteilen wie gut oder schlecht, lecker oder ekelhaft. Im selben Augenblick, in dem wir Dies Etwas erkennen, sieht jeder von uns, dass er gar nicht umhin kann, Buddha-Wesen zu sein.

Wenn man es so anschaut, ist jede Begebenheit des Morgens im Zendō Dies Etwas. Der Schmerz in den Beinen, die Schläfrigkeit, der Mangel an Sauerstoff in der gedrängt vollen Halle, der unruhige Sitznachbar. Weil wir überzeugt sind, jede Situation wäre noch zu verbessern, nehmen wir sie nicht als Dies Etwas wahr. »Könnte ich mein Bein bewegen, hörte es auf wehzutun. Bekäme ich mehr Schlaf, wäre ich nicht so schläfrig. Wenn sie bloss ein Fenster aufsperrten, ich könnte durchatmen!« Die Idee, die Dinge könnten verbessert werden, rührt von unsrer Gier her. Unsre Begehrlichkeit ist nichts anderes als unser Anhaften. Wir sind Menschen. Ich stelle die menschlichen Bedürfnisse nicht in Abrede, ich weise aber darauf hin, dass wir dieser Begierden wegen leiden. Anders gesagt vermögen wir wegen unsrer Begierden und unsres Anhaftens nicht, diese Sache als Dies Etwas zu erkennen.

※

Zurück zur heutigen Vorlage. Hört aufmerksam zu! Ein Mönch sagte zu Baso Dōitsu (709–788):

»Sagt – unabhängig von den vier Hauptsätzen und über die hundert Verneinungen hinaus –«, all diese verwickelten Theologien und Philosophien beiseitelassend, sprecht mir über Dies Etwas ohne Umschweife.

Baso gab zur Antwort:

>»Heute bin ich müde, ich kann es dir nicht erklären.«

Unübertrefflich. »Heute bin ich müde und kann es dir nicht erklären.« Das ist es, Dies Etwas. Deutet es nicht so: »Was ist los mit Baso, dem grossen Meister? Wieso ist er so erschöpft?«

>»Heute bin ich müde, ich kann es dir nicht erklären. Frag Chizō danach.«

Der Mönch verstand nicht, was ihm zu verstehen gegeben wurde, also suchte er Seidō Chizō (735–814) auf. Wiederum Dies Etwas. Der Mönch stellte wieder dieselbe Frage. Chizō sagte:

>»Wieso fragst du nicht den Meister?«

Ebenfalls Dies Etwas.

>Der Mönch erwiderte: »Er wies mich an, dich zu fragen.«

Darauf antwortete Chizō:

>»Heute hab' ich Kopfschmerzen, ich bin nicht imstand, es dir zu beantworten.«

Womöglich hatte er tatsächlich arges Kopfweh. Der Mönch erfasste offensichtlich Dies Etwas immer noch nicht. Da schlug ihm Chizō netterweise vor:

>»Frag doch Bruder Ekai.«

Der Mönch sucht Hyakujō Ekai (749–814) auf und erkundigt sich nach der wahren Bedeutung von diesem Etwas. «Meister Baso fühlt sich heute müde, Chizō hat Kopfweh, sie schicken mich zu Euch». Hyakujōs Antwort: »Ich habe keine Ahnung«.

Es scheint mir wichtig für uns, über seine Antwort nachzudenken. Wir stellen uns auf den Standpunkt, wir könnten alles herausfinden, wir verdienten, alles zu erfahren, hätten ein Recht darauf, alles zu wissen. In Tat und Wahrheit haben wir keine Ahnung, selbst wo es um einfache Tatsachen geht. Wieso befinden sich heute morgen gerade soundsoviele Leute in der Sitzhalle? Wieso nicht einer mehr? Sollte dieser eine etwa Kopfschmerzen haben? Wenn ja, wieso? Wir haben keine Ahnung. Wir dürfen uns nicht einbilden, etwas zu wissen. Natürlich kann jeder von eins bis zehn zählen. Wir wissen, was oben und unten ist. Wir sind gebildet, können bei einer Abdankung unser Beileid bezeugen und einem Brautpaar unsere Glückwünsche aussprechen. Damit hat sich's aber schon.

Ich selbst hinterfragte alles: Warum – warum – warum? Heute sage ich am liebsten: Aus bestimmten Gründen… Aus einem bestimmten Grund sind wir heute gerade soundso viele.

Wir lassen uns von der Sprache irreführen. Ein Ausdruck wie: »Das ist's!« könnte vom Weltuntergang handeln. Sage ich: »Dies ist Es«, bekundet das Zen. Einem fällt es ein zu sagen: Die Blume ist weiss. Präziser: Die weisse Blume ist eine weisse Tulpe. Noch näher heran ginge: Die Tulpe tulpt. Ärger verärgert. Schmerz schmerzt.

Also rezitieren wir das *Glaubensbekenntnis des Bodhisattwa*:

Aus der Sicht eines Schülers des Dharma ist die wirkliche Gestalt des Universums die unversiegliche Bekundung der geheimnisvollen Wahrheit…

(die ein offenes Geheimnis ist)

...von diesem Etwas. In jedem einzelnen Begebnis, in jedem Augenblick und an jedem Ort geschieht nichts anderes als die wunderbare Offenbarung seines strahlenden Lichts.

Nun, Ekai antwortete also:

»*Was diesen Punkt betrifft, verstehe ich nichts.*«

Der Wandermönch, der von drei Lehrern solche wunderbaren Teishō erhalten hatte, wunderte sich noch immer: Was ist los in diesem Tempel? Der Abt ist erschöpft, der oberste Mönch hat Kopfschmerzen, und der dritte versteht nichts. Blind dafür, dass selbst Verwirrtheit Dies Etwas ist, ging er zu Baso zurück, der feststellte:

Chizōs Kopf ist weiss; Ekais Kopf ist schwarz.

*

Im Frühling ein Blütenmeer
Im Sommer die erfrischende Brise
Im Herbst der Erntemond
Im Winter begleitet dich Schneegestöber.
Ist dein Bewusstsein ungetrübt
Ist jede Jahreszeit eine gute Jahreszeit.
           Mumons Lobspruch der vier Jahreszeiten

Wenn deinem Geist nicht unnütze Dinge anhaften, ist jede Jahreszeit die beste Jahreszeit. Nichtigkeiten, Anhaften und Bevorzugung, lasst sie fahren. Dann wird jedes Jahr zu einem Spitzenjahr. Jeder Tag zum Glückstag. Jeder Augenblick zum höchsten Augenblick!
Das ist nicht Theorie, es ist Tatsache. Ob wir sie annehmen

können oder nicht, ist eine Frage unsrer Reife, davon wie reif, wie lauter unser Zazen ist. Sitzt deshalb noch öfter, erduldet die Schmerzen, nehmt am Sesshin teil.

WIE-ES-IST-IEREN

*Niederschrift von der smaragdenen Felswand
Einundfünfzigstes Beispiel*

SEPPŌS WAS IST ES?

*Als Seppō in einer Klause lebte, wollten ihm zwei Mönche die Ehre eines Besuchs erweisen. Seppō sah sie kommen, stiess das Tor auf, stellte sich vor sie hin und fragte: »Was ist es?« Die Mönche gaben zurück: »Was ist es?« Seppō senkte den Kopf und ging in seine Klause zurück. Später kamen die Mönche zu Gantō. Er fragte: »Woher kommt ihr?« »Wir kommen aus der Gegend südlich der Gebirgsketten«, war ihre Antwort. »Habt ihr meinen Dharma-Bruder Seppō aufgesucht?« Die Mönche bejahten. Gantō erkundigte sich: »Was hat er euch gesagt?« Die Mönche erstatteten ihm Bericht. Gantō bedauerte: »Ach, dass ich ihm nicht das endgültige Wort mitteilte, als ich bei ihm war; niemand in der Welt würde sich einbilden, es mit ihm aufnehmen zu können.«
Als das Sommer-Training zu Ende war, kamen die Mönche auf den Vorfall zurück und baten Gantō um seine Anweisungen. »Warum seid ihr nicht eher gekommen? »Wir haben schwer damit gerungen.« Gantō sagte: »Seppō wurde auf dieselbe Art geboren wie ich, aber er wird nicht auf dieselbe Art sterben. Wenn ihr das letzte Wort wissen wollt, Das ist es. Einfach Das. Dies Das!«*

Das heutige Kōan gehörte zu Sōen Rōshis Favoriten. Gestattet mir einige Worte über Kōan oder das Zwiegespräch im Zen. Kōan werden, ob wir es wollen oder nicht, als etwas Exotisches und Geheimnisvolles aufgefasst, dem womöglich magische Kraft innewohnt. Eigentlich bedeutet »Kōan« Ort, Zeit und Begebnis, worin sich die Wahrheit zeigt, wo der wirkliche Sachverhalt hervortritt. Natürlich ist uns mittlerweile klar, dass es eigentlich keinen Ort und Augenblick, kein Ereignis gibt, in denen sich nicht die Wahrheit kundtut. Selbst wenn ihr voller Gedanken seid und Zazen übt, ist das die Wahrheit, gedankenvoll kundgetan. Das ist ein Kōan, das sich jeden Tag stellt.

Als Seppō Gison (822–908) die Wandermönche kommen sah, ging er ihnen entgegen und fragte: »Was ist es?« Aus den Aufzeichnungen von Bassui Tokushō Zenji (1327–1387) wissen wir, dass Seppō mit der Frage »Was ist es? Was ist es?« anstelle von »MU – MU – MU« sass.

Seppō lebte in einer Zeit der Verfolgungen, als viele Mönche untertauchten. Er wohnte in einer Hütte, übte Zazen und bekam nur selten Besuch. Also trat er vor das Tor, um die Ankömmlinge zu begrüssen. Er fragte sie aber nicht: »Was tut sich in der Hauptstadt? Was hat die Regierung im Sinn?« Er bot schlicht sein: »Was ist es?« dar. Was ist Das? Später beantwortete Gantō Zankatsu (827–878) die Frage. Er sagte: »Was es ist!«

Die Wissenschaft im Westen hat unglaubliche Fortschritte gemacht dank der Frage: »Was ist das?« Liegt ein Gegenstand oder ein Phänomen vor, kann sie einigermassen beantwortet werden. Fehlen sie, welche Antwort könnte dann gegeben werden? Das ist eines der wichtigsten Kōan. Statt ihre Handflächen in Dankbarkeit aneinanderzulegen, machten die Mönche Seppō nach und sagten: »Was ist es?«

Sollen wir aufhören, Fragen zu stellen? Auf den Fortschritt verzichten? Alles einfach als das, was es ist, hinnehmen? Furcht befällt unsere Herzen und Köpfe. Irgendwie müssen wir doch vorankommen, denken wir.

Egal wir grosse Fortschritte wir machen: schlichtweg das! Das wäre ein prima Ausdruck: Was-es-ist-enz. Oder Wie-es-ist-enz. Wie-es-ist-ieren wäre noch besser; klänge es nicht lebendiger, zwingender? Wie »tulpen«. Als Fremdsprachiger geniesse ich das Vorrecht, mit der Landessprache schöpferisch umzugehen. Nicht auf erstarrte Wendungen angewiesen zu sein. Wie-es-ist-ieren. Das hat nichts Abwertendes an sich. Es bedeutet, auf immer fortzuschreiten, unaufhörlich sich im Nun kundzutun.

Wir heutigen Menschen lieben es, alles zu zergliedern. Aber wir können lange analysieren, was es ist – wir finden keine Antwort. Es ist, was es ist. Die Menschen im Fernen Osten sind gewohnt, ihr Karma anzunehmen, statt es tilgen zu wollen. Indem wir freimütig akzeptieren, was wir sind, öffnet sich das Tor noch weiter. Doch ist das eine äusserst delikate Angelegenheit...

Die Sache ist die, dass wir Menschen, woher wir auch abstammen, zufriedener, glücklicher leben wollen. Wir halten »einfach das« für zu simpel. Wir wollen Tiefgründiges. Wir verlangen danach und analysieren und suchen, suchen, suchen. Dann erleiden wir Frustration, Verwirrung und auch Erschöpfung. Wir befürchten, für dumm gehalten zu werden, wenn wir »das« einfach akzeptieren. Was ist aber wirklich dumm? Mit Verlaub gesagt, die Zeit- und Kraftverschwendung mit Wünschen, Analysieren und wachsender Verwirrung. Was ist es? Was-es-ist-ieren. Es-ist-ieren.

Inzwischen geht euch auf, worauf ich hinauswill. Und doch kann jahrelang Angewöhntes nicht leicht abgelegt werden. Zen-Buddhismus lehrt uns, unsere Widerstände gegen das als das, was es ist, aufzugeben. Das kann nur mit ausreichender Energie von Zazen geschehen. Sammeln wir sie an, ohne Furcht, ohne Argwohn, tritt das als das, was es ist, hervor. Dann bleibt uns nur, unsere Handflächen zum »Gasshō« aneinanderzulegen. In dem Augenblick sind wir befriedigt. Bis dann ist Zufriedenheit bloss »eine trügerische Blüte in der Luft«.

Immer noch verarbeite ich, was die Rōshis Yasutani und Sōen uns gelehrt haben, und übertrage es auf das Denken im Westen. Dank ihrer Lehre und dank Zazen werden wir erfahren, was ES ist. Was es ist.

ER LIEF UND LIEF

Aufzeichnungen von Rinzai
Bericht der Pilgerreisen, erster und zweiundzwanzigster
Abschnitt (Lebensbeschreibung)

Der Hauptmönch im Kloster von Ōbaku Kiun besass das Dharma-Auge. Er vermochte demnach klar zu unterscheiden.

Was er von Rinzai sah, beeindruckte ihn. Er wandte sich an Ōbaku: »Er ist zwar noch ein Grünschnabel, doch ist er anders als die andern Mönche.«

Manche Menschen sind trotz gesetzten Alters unreif; andere wiederum sind zwar jung, aber sehr weit für ihr Alter. Dafür gibt es auch hier unter uns viele Beispiele. Wir wissen nicht, wie alt Rinzai damals war, weil wir sein Geburtsjahr nicht genau kennen. Er wird zwischen fünfundzwanzig und dreissig gewesen sein, was in diesem besonderen Zusammenhang als jung gelten darf. »Er ist anders als die andern«, sagte der Hauptmönch zu Ōbaku.

Eines Tages fragte der Hauptmönch Rinzai: »Wie lange bist du nun schon hier?« Rinzai antwortete: »Seit drei Jahren.«

Das ist nicht ganz richtig. Und ist auch nicht falsch. Da kommt die andere Seite des Denkens zum Vorschein. Wenn ihr es nicht gleich versteht, denkt darüber nach. Modern gesagt, hatte Rinzai sein Magisterexamen hinter sich und war zum Doktor der Buddhismuskunde promoviert worden. Eines Tages tat er einen tiefen Seufzer – Habe nun, ach – und sagte zu sich: »Dieser Weg führt nicht zum Heil.« Er vertauschte die Jeans mit einer schwarzen Kutte, trat in einen Zen-Tempel ein und setzte sich hin.

So befand er sich offensichtlich seit drei Jahren im Kloster von Ōbaku bei Arbeit, Studium, Zazen und Verneigungen.

»*Hast du je um Belehrung gebeten?*«
»*Nein...!*«

Selbst wenn das eine, wie ich es nenne, chinesische Übertreibung ist, verbleibt immer noch eine lange Zeitspanne, in der er einfach gegenwärtig war, ohne Unterweisung, ohne Orientierungshilfen, ohne Frage-und-Antwort.

Ein wichtiges Kapitel im traditionellen Zen heisst »Durchtränkung«. Ihr schaut ab, wie etwas gemacht wird, und macht es nach und nehmt die Gepflogenheiten des Zen mit dem Körper auf. Drei Jahre im Lesesaal der Bibliothek, und ihr habt eine Menge Wissen angehäuft, aber es ist im Nu vergessen. Lasst euren Körper lernen, was ihr nie wieder vergesst. Heute ebenso wie einst gilt als Motto der monastischen Tradition: »Lass den Körper sich vollsaugen.« Dann erkennt ihr, wann der *han*[1] zu laut geschlagen wird oder der Gong.

Jemand donnert euch an. »Wieso bloss?« fragt ihr euch. Und dann, nach ein paar Tagen, geht es euch auf: »Ach soo...!« Diese Lektion vergesst ihr nie mehr. Ohne Erklärungen, ohne Anweisungen, einfach nur donnerndes »Taugt nicht!« Was taugt nicht? Ihr findet es heraus und merkt es euch. Anders, als wenn man euch sanft angefasst hätte.

Drei Jahre waren für Rinzai demnach keine verlorene Zeit. Gewiss hielt man ihm keine Vorlesungen über das Sitzen in der Haltung des vollen Lotos. Keiner gab ihm Unterricht darin, sein Rückgrat aufrecht zu halten und die Hände über dem Hara zu falten. Niemand übte mit ihm das Schlagen des Gongs oder des *mokugyō*,

---

[1] Der Han ist ein hölzernes Brett beim Eingang zum Zendō; es wird in der Morgen- und Abenddämmerung und vor dem Schlafengehen rhythmisch angeschlagen und gemahnt an die verfliegende Zeit.

des fischförmigen Holzblocks, das die Rezitation der Sutras begleitet. Da ist kein Lehrer; wir selbst sind es, die abschauen, erlauschen und mittun. Durchtränkung. Was ihr selbst erarbeiten musstet, vergesst ihr nie.

Wer weiss, ob nicht einer Schülerin oder einem Schüler des Dharma plötzlich das Auge aufgeht beim Anhören des Han – jemand gibt sich Mühe, genau das richtige Schlagmass zu finden – oder während des Kinhin im angemessenen Tempo. Solche Angemessenheit können wir uns nur aneignen, indem wir uns durchtränken lassen. In der Bewegung Ruhe, in der Ruhe Kraft.

Päng! – das ist nicht Dynamik, sondern Lärm.

Ich bin sicher, dass niemand Rinzai dazu anhielt, seine Rechte über die Linke (oder umgekehrt) zu legen. Als wir 1981 am Ende unsrer China-Reise mit chinesischen Mönchen zusammen im Zendō meditierten, schloss sich daran die Gelegenheit zu Frage und Antwort. Wir hatten beobachtet, dass einige der Mönche das Mudrā mit der Linken oben, andere mit der rechten Hand über der linken ausführten. Ein Besucher bemerkte, ihm sei gesagt worden, dass die linke Hand unten und die rechte oben sein müsse. Einer der Mönche machte uns grossen Eindruck. Seine bemerkenswerten Worte waren: »Es spielt keine Rolle.«

Recht hatte er. Es spielt tatsächlich keine Rolle. Als Shākyamuni Buddha unter dem Bodhibaum erleuchtet wurde, hielt niemand fest, ob seine Linke über der Rechten lag oder nicht. Hauptsache, er war erleuchtet worden.

»Hast du je um Belehrung gebeten?«
»Nein, ich weiss nicht, was ich fragen soll«, antwortete Rinzai.

Ich nehme an, dass der Mönch Rinzai über alle Nebensächlichkeiten längst Bescheid wusste, hatte er doch eingehend beobachtet und lange geübt. Er konnte die Sutras rezitieren, war gut im Sitzen, verstand es, sein Zwerchfell zu lockern, so dass sein Atem immer ganz aus der Tiefe kam, und bewahrte stets einen klaren, hellen Kopf. Demzufolge antwortete er eine Spur anmassend (was ihm selbst womöglich gar nicht bewusst war), er wisse nicht, was er fragen sollte.

> *»Warum gehst du nicht zu Meister Ōbaku Kiun und fragst ihn, was der oberste Grundsatz des Buddha-Dharma ist?« forderte ihn der Mönch auf.*

Der Ausdruck »Buddha-Dharma« führt uns irre. Er ist eng mit Buddhismus verknüpft, denken wir. Buddha-Dharma und Christentum sind unvereinbar. Das eine ist Buddhismus, das andre das Judentum, und das dritte, das Christentum, zerfällt in viele Untergruppen, denken wir. Mag das auch nicht völlig falsch sein, ist hier doch grösste Vorsicht am Platz. Wir haben uns angewöhnt, alles zu etikettieren. Buddha-Dharma finden wir in allen drei genannten Glaubensrichtungen wieder.

Eine Teilnehmerin kam zu mir und berichtete, endlich verstehe sie den Ausdruck: »Wenn ich sitze, sitzt das ganze Universum. Gehe ich, geht das ganze Universum.« Sobald sie aber darüber nachdenke, werde es schwierig... Sie rang mit den Worten.

Wenn man sitzt, sitzt das ganze Universum. Ist man sich nicht im klaren, schwimmt das ganze Universum. Mit dem Verstand kommen wir da nicht weit. Gehen wir intellektuell dahinter, landen wir bald bei der Frage. »Sitzt sie, sitzt das ganze Universum; bewege ich mich, bewegt sich das ganze Universum. Wie kann dasselbe Universum gleichzeitig sitzen und sich bewegen...?« Der Verstand macht nicht mehr mit. Und doch ist es wahr: Wenn sie sitzt, sitzt das ganze Universum. Gleichzeitig bewegt sich das ganze Universum, wenn ich mich bewege. Lacht er, dann lacht ganz bestimmt das ganze Universum, und wenn jemand heult, weint das ganze Universum.

Welch beschäftigtes Universum! Wie ist das möglich? Wie kann ein ganzes Universum diesen Anforderungen gerecht werden? Das setzt den Verstand matt. Zu verstehen, dass das ganze Universum sitzt, wenn man selber sitzt, das ganze Universum weint, wenn man selber weint – das ist das Hauptprinzip des Buddha-Dharma.

Also ging Rinzai freimütig zu Ōbaku Kiun, verbeugte sich und fragte: »Was ist das oberste Prinzip des Buddha-Dharma?« Noch bevor er geendet hatte, verabreichte ihm Ōbaku einen Schlag.

Euch ist inzwischen klar, dass Ōbaku Rinzai nicht schlug, um ihm zu verstehen zu geben, er solle keine dummen Fragen stellen. Sondern dass diese Schläge eine – mag sein unzulängliche – Methode sind, auf das oberste Prinzip des Buddha-Dharma hinzuweisen. Auf Tatsächlichkeit. Es-ist-enz. – Da hast du Es! –

Rinzai verstand nicht. Er kehrte zum Hauptmönch zurück, der auf ihn wartete: »Nun, wie ist es dir mit deiner Frage ergangen?« »Noch bevor ich damit fertig war, schlug mich der Meister. Ich werde nicht klug aus ihm.«

Er hält sich prima – nüchtern und unkompliziert.

»Geh und frag ihn abermals!«

Der Hauptmönch sagte nicht: »O das tut mir aber leid, sicher ist er schlechter Laune, versuch's morgen wieder.« Geh und frag ihn noch einmal! Das ist *ki*, Zen-Stil, tatkräftiges Zen, spontane Bestimmtheit, gepaart mit kraftvollem Tatendrang, die man unbedingt erlernen muss, will man lebendiges Zen.

Rinzai ging zurück und fragte: »Meister, was…?«

– Da! Hast du Es! –

Das ging so dreimal. Oder fünf. Kann sein hundert. Wer von uns bringt den Mut auf, den es dafür braucht? Es ist ein genaues

Abbild der Übung mit MU. Eine MU-Probe. »MU«. Da! »MU«. Da! Und doch nur Vorbereitung.

Rinzai kam zum Hauptmönch zurück und sagte: »Drei(ssig) Mal ging ich auf dein freundliches Anraten hin, drei(ssig) mal bin ich geschlagen worden. Ich bedaure, dass ich wegen karmischer Verstrickung des Meisters tiefe Absicht nicht fassen kann. Ich werde auf eine Weile fortgehen.«

Und wieder reagierte der Hauptmönch mit Ki:

»Geht in Ordnung. Aber bevor Du weggehst, solltest du dich vom Meister verabschieden.« Selber ging er noch vor Rinzai zu Ōbaku mit einer Bitte: »Der junge Mann, der vorher fragen kam, ist ein Mann des Dharma. Das verlangt nach einer angemessenen Behandlung, wenn er kommt, sich zu verabschieden. Ich bin sicher, er wird durch Übung einmal ein grosser Baum und der gesamten Menschheit kühlen Schatten spenden.«

Heute gibt es die Schule des Zen, die sich nach Rinzai benennt; wir empfangen auf die eine oder andere Art Rinzais kühlen Schatten in dieser überhitzten Zeit.

Rinzai verabschiedet sich von Ōbaku. Er denkt, dass er Ōbakus Belehrungen infolge seines Karmas nicht versteht. Vom Hauptmönch war Ōbaku gebeten worden, angemessen mit dem jungen Mönch umzugehen.

Deshalb legte ihm Ōbaku ans Herz: »Geh nirgendwo anders hin als zu Daigus Kloster! Gewiss wird er dir alles erklären.«

Natürlich geht es nicht ums Erklären. Niemand vermag zu erklären. Er meinte: Er wird dir sicherlich die Augen öffnen. Nüchtern und unkompliziert, wie er ist, befolgt Rinzai Ōbakus

Empfehlungen, nimmt die Beine unter die Arme und läuft und läuft und läuft, bis er endlich zum Tempel von Daigu (o. D.) gelangt. Dieser lange Gang kommt der Teilnahme an unzähligen Sesshin während ungezählter Kessei gleich oder dem jahrelangen Üben, eine Schale Tee zuzubereiten.

> *Daigu fragte: »Woher kommst du?«*

Als unerleuchteter Mönch antwortet Rinzai:

> *»Ich komme vom Berg Ōbaku.«*
> *»Was hatte Ōbaku zu sagen?«*

Mit andern Worten: Welchen Lehrstil pflegt mein Bruder im Dharma dieser Tage?

> *Rinzai antwortete: »Dreimal habe ich ihn nach dem grossen Prinzip des Buddha-Dharma gefragt, und dreimal bin ich von ihm geschlagen worden. Ich weiss nicht, ob ich etwas falsch gemacht habe.«*

Er vermutet, er habe – ohne es zu wissen – einen Fehler begangen und sei deshalb geschlagen worden. Immer noch brachte er es mit Recht und Unrecht, Makel oder makellos in Verbindung. Er dachte in diesen Kategorien.

> *Daigu antwortete: »Mein Dharma-Bruder Ōbaku ist solch eine Grossmutter. Er hat sich deinetwegen völlig verausgabt.«*

Eine Methode der Übertragung ist die völlige Verausgabung. Die Hingabe der ganzen Energie seines Nen, seiner »Geistes-Gegenwart«, seines Zazen, seines Dharma an die werten Schüler.
Daigu versetzt Rinzai keinen Schlag. Er sagt: »Ōbaku verausgabt sich deinetwegen, und du kommst und fragst, ob du einen

Fehler begangen hast. Was ist los mit dir?« Es wird überliefert, dass Rinzai bei diesen Worten völlig erweckt wurde.

Worte... Wörter verletzen uns, machen uns glücklich, beunruhigen, verwirren, klären uns auf. Was man sagt, wie und wann man es sagt – es ist von ausschlaggebender Wichtigkeit auf dem Weg des Zen. Wörter sind einflussreich, besitzen Macht. Denkt nur an Jōshūs MU!

> *Bei diesen Worten erlangte Rinzai grosse Einsicht.*

Er begriff Diesheit. Bislang hatte er sich durch Ausdrücke wie »das oberste Prinzip der Buddha-Natur« irreführen lassen. Nun verstand er.

> *»Da ist nicht viel dran an Ōbakus Buddha-Dharma«, sagte er.*

Begriffe wie dieser sind gar nichts Spezielles, meinte Rinzai, nichts Aussergewöhnliches. Wir möchten doch gerne etwas Besonderes sein. Wir suchen nach dem gewissen Etwas. Es muss für uns etwas Aussergewöhnliches geben. In Tat und Wahrheit ist nicht einmal das Besondere so besonders. Ihr erinnert euch ja:

> *Wenn der Hunger kommt, ess' ich meinen Reis*
> *Wenn mich Schlaf befällt, schliess' ich die Augen*

(– also nichts Besonderes –)

> *Unverständige verlachen mich*
> *Weise verstehn.*
>
> Aufzeichnungen von Rinzai
> Reden, zweiundzwanzigstes Beispiel

Es ist also wahrhaftig gar nichts Besonderes am Buddha-Dharma.

Und schon höre ich die übliche Frage: Wenn dem so ist, wieso müssen wir dann zum Sesshin kommen? Geistige, körperliche und seelische Schmerzen aushalten? Die Antwort lautet, dass wir erst einmal realisieren müssen, dass nichts besonders ist. Die Dinge sind, was sie sind. Das ist wohl das passende Kōan für die meisten Zeitgenossen. Jap. *nyo ze*, Soheit. Tatsächlichkeit. Uns verlangt nach mehr als Es-ist-enz. Wir haben das Bedürfnis zu analysieren, zu kategorisieren, zu spezialisieren.

Daigu packte Rinzai...

– mit Zen-Ki, versteht sich –

... und sagte: »Du kleiner Teufel, der noch das Bett nässt!

Milde ist schon angebracht, in den meisten Fällen wenigstens; aber einmal alle zehn Jahre...

Eben hast du noch gefragt, ob du im Unrecht bist oder nicht, und nun meinst du, es sei nicht weit her mit Ōbakus Buddha-Dharma. Sprich, was hast du gesehen? Sag's schnell!«

Rinzai konnte natürlich nicht darüber sprechen, was ihm gerade aufgegangen war, und es war auch nicht nötig.

Rinzai stiess Daigu dreimal in die Rippen.

Ein einziger Puff tut's auch. Es müssen nicht die Rippen sein. Es genügt auch, die Handflächen aneinanderzulegen und sich zu verbeugen. Hauptsache, euch ist klar, was ihr tut. Dann ist alles *okay*. Andernfalls taugt nichts. Lasst euch also nicht einfangen von Formulierungen wie »gab ihm dreimal einen Puff in die Seite«.

Rinzai kehrte zu Ōbaku zurück.
Ōbaku bemerkte: »Was für ein Kerl. Kommt und geht, kommt und geht. Wann wird das enden?«

Das ist in der Tat eine interessante Frage. Wann wird es enden? Nicht bloss Rinzais Kommen und Gehen, auch unser Leben, unser Ausüben von Zen, wann wird es zu Ende sein? Wann fing es an? Das ist ein Kōan, über das wir alle nachdenken sollten.

Rinzai berichtete seinem Lehrer über seine erste Erfahrung von Kenshō im Kloster von Daigu. Ōbaku war mehr als zufrieden.

Ich habe diesen Abschnitt der *Aufzeichnungen von Rinzai* schon so oft gelesen – auf chinesisch und auf englisch –, und jedesmal lerne ich dazu.

NEIN, SIE TUN ES NICHT

Aufzeichnungen von Rinzai
Kritische Erwägungen, zwölftes Beispiel

Eines Tages wurde Rinzai vom Konsul Wang besucht. Wang traf den Meister vor der Meditationshalle und erkundigte sich:
»Rezitieren die Mönche in diesem Kloster Sutras?«
»Nein, sie rezitieren nicht«, antwortete Rinzai.
»Üben sie sich dann im Zen?« fragte der Konsul.
»Nein, sie üben sich nicht im Zen«, war Rinzais Antwort.
»Was in aller Welt treiben sie dann, wenn sie weder Sutras rezitieren noch Zen üben?«
Der Meister erwiderte: »Ich helfe ihnen einzig dabei, Buddhas und Patriarchen zu werden.«
»Goldstaub mag wertvoll sein; gelangt er ins Auge, trübt er die Sicht«, bemerkte der Konsul.
Meister Rinzai stellte fest: »Ich habe Euch bis dahin für einen gewöhnlichen Kerl gehalten; jetzt weiss ich mehr.«

Eines Tages... – wieder muss ich diese Sache aufbringen. Es geschah weder an einem nicht näher bestimmten noch an einem festgesetzten Tag. Das wäre, wie ein Holzkopf denkt. An einem Tag. Meister Ōbaku Kiun sagte »ein Geist«, und er meinte dabei nicht einen von vielleicht fünf. Dasselbe gilt für »eines Tages« – nicht mehr und nicht weniger. Gleich verhält es sich mit dem heutigen Beispiel. Es spielt nicht im China der Sung.

Konsul Wang (gest. 866) war ein Schüler von Isan Reiyū (771–853), welcher mit seinem Adepten Kyōzan (um 807–883) die *Igyō shu* genannte Schule des Zen begründete. Konsul Wang war kein durchschnittlicher Mensch, er war zumindest in den Shūnyatā-See eingetaucht. Nun stattete er Rinzai Gigen Zenji einen Besuch ab. Das allein ist schon eine herrliche Vorstellung, ein Gedicht. Ich denke, dass sie zusammen eine Schale Tee tranken. Darauf beschlossen die zwei Giganten, einen Spaziergang zu machen, und sie hielten nicht eher an, als bis sie vor den Eingang unseres Zendō kamen. Da fragte Konsul Wang Meister Rinzai:

> *»Rezitieren die Mönche Sutras?«*
> *Meister Rinzai antwortete: »Nein, sie rezitieren keine Sutras!«*

Der Wortwechsel ist dermassen tiefsinnig, dass er leicht falsch gedeutet wird. Zumal in einem buddhistischen Kloster vielerlei Sutras gesungen werden: Das *Sutra vom Herzen der grossen Weisheit*, das *Dhāraṇī vom grossen Licht, das alles Übel überwindet*, das *Kannonsutra*, das *Dhāraṇī des grossen Mitgefühls*, das *Lotossutra*[1] und weitere. Doch bewegt sich das Gespräch der beiden auf einer anderen Ebene. Sie sprechen von der Warte eines Teishō, vom Standpunkt des Shūnyatā oder profunder Weltschau aus. Meister Rinzai konnte folglich antworten:

> *»Nein, sie rezitieren nicht.«*

Zugleich weist er auf einen umfassenderen Sinn der Rezitation von Sutras hin. Er steckt auch in den folgenden Zeilen:

> *Kein Himmel*
> *Keine Erde*
> *Nur Schneefall.*

Sutras dieser Art werden ständig rezitiert, ob in einem christlichen oder einem buddhistischen oder – wenn es das gibt – atheistischen Kloster, vom Morgen bis zum Morgen, anhaltend. Konsul Wang

---

[1] Jap. Maka hannya haramita shin gyō; Namu samanda; Enmei jikku Kannon gyō; Namu kara tan no; Myōhō renge kyō

begriff natürlich; auch Rinzai hatte verstanden, worauf der Konsul hinauswollte.

Und so stellte Wang abermals eine Frage:

»Üben sie sich im Zen?«

Chan üben? *Dhyāna* üben? Üben sie Zazen auf Sitzkissen, könnte die Frage ebenfalls lauten. Nur in einem sehr eingeschränkten Sinn würde man sie bejahen: Ja, sie üben Zazen. Im weitesten Sinn üben sie sich nicht im Zen, nein. Etwas wie »Zen«, das zu üben wäre, gibt es nicht.

Wieder ist es die Sprache, die alles erschwert. Ich lasse eine Erklärung folgen, obwohl gerade dort, wo etwas erklärt wird, Ausflüchte ihren Anfang nehmen. Selbst auf diese Gefahr hin will ich es versuchen.

Aus profunder Weltschau gesehen, gibt es nichts – ob wir sitzen oder stehen, uns vertiefen oder vor uns hindösen, konfus sind oder klarblickend, tot oder lebendig, im Sesshin oder in der Zwischenzeit – nichts, das nicht Zen wäre. Also antwortet Meister Rinzai:

»Nein, sie üben sich nicht im Zen.«

Wie könnten sie auch! Von Shūnyatā aus gesehen, gibt es kein Zen zu erlernen. Ob ihr »MU« brüllt oder nicht, ändert nichts. Hier fängt es mit den Ausflüchten an. Wenn es auf eins hinausläuft, wieso nicht sich's bequem machen? Moment mal! Zwar ist es von Shūnyatā aus gesehen egal, für das Training spielt es aber eine Rolle. Da heisst es: Dös nicht! Schrei! Sammle dich!

Mal kommt es darauf an, mal nicht – da seht ihr, wie einen Wörter durcheinanderbringen. Ich ziehe das Beispiel von Meer und Welle heran. Einerseits sind sie dasselbe, und doch zweierlei, und doch wieder eins. Sie können nicht voneinander getrennt werden. Analog spricht man mitunter von der fundamentalen Wirklichkeit, dieser Angelegenheit namens Shūnyatā, und gleichzeitig meint man die phänomenologische Wirklichkeit. Zwei, die doch ein und dasselbe sind, und trotzdem zwei. Anlass für Verwechslungen, Konfusion und Ausflüchte. Da ergeht denn die Aufforderung: »Schweig und sitz!« Die Sprache hat ihre Grenzen; dann ist Schweigen angezeigt. Und in dem Moment, in dem die Sprache aufhört, beginnt die Zen-Übung.

Also antwortete Meister Rinzai:

»Nein, sie üben sich nicht im Zen.«

Ähnlich könnte man fragen: Lernen sie die Sutras auswendig? Nein, sie lernen keine Sutras auswendig. Putzen sie? Nein, das Kloster ist grundsätzlich fleckenlos. Erfahrungsgemäss allerdings staubanfällig. Wir sind es gewohnt, auf der Ebene der Erscheinungswelt Anordnungen zu empfangen: Heute ist Reinemachtag. Putz die Schuhablage beim Eingang! Mach das Bad sauber! Daran gibt es nichts zu rütteln, diese Arbeiten müssen ausgeführt werden. Ein Teishō hingegen geleitet uns in andere Dimensionen.

»Nein, sie putzen nicht.«

Wie das? Weil wir ursprünglich unbefleckt sind. Das klingt doch gut: Es bleibt uns nichts zu tun. Weder Übung noch Reinemachen.

Doch bis wir soweit sind, dies zu begreifen, bleibt uns nur knochenharte Arbeit. Stossen und gestossen werden. Bis wir eines Tages mit einem tiefen »Ach!« sozusagen wiedergeboren werden, und diese Wiedergeburt mitten im Leben heisst in der Tradition des Zen Kenshō.

Das ist die sinnvollste, bedeutsamste Lebensart. Wer bin ich? Was ist MU? Aus der Warte von Shūnyatā lässt es sich beantworten. Alles stammt davon ab. Es erschafft uns. Dahin kehren wir zurück. Nicht dorthin – hierhin! Folglich sitzen, sitzen und sitzen wir.

Wenn ihr mit MU beschäftigt seid, ist es in Ordnung, bei euch immer wieder MU zu wiederholen. Zusammen damit müsst ihr euch aber fragen: Was genau ist MU? Was, warum, wie? Wieso fragte der Mönch: »Hat ein Hund Buddha-Natur?« Wieso antwortete Jōshū »MU«? Fragen über Fragen, aus unterschiedlichen Blickwinkeln gestellt, und brüllen und wiederholen. Nicht dieser eine Schüler, dieses Individuum, wie wir annehmen, ist bei MU. Das ganze Weltall, vom Grenzenlosen über uns bis zum Unbegrenzten unter uns (zu Zeiten ist selbst »Weltall«, für sich gebraucht, ein Begriff ohne Aussagekraft) das ganze Universum ist MU, mu-t. Universelles, geballtes MU, Zazen für Zazen, Kinhin für Kinhin, Sesshin für Sesshin.

Da dies alleine zu leisten mühselig ist, kommen wir zusammen. Meister Yasutani formulierte es ungefähr folgendermassen: »Grünes Holz brennt nicht allein; zusammen mit gut getrocknetem Holz brennt's.« Hier in diesem Sesshin gibt es eine Menge gut gelagerten Holzes, Neuankömmlinge! Wenn ihr nicht von alleine Feuer fangen könnt, dann im Verbund.

»Was in aller Welt treiben sie dann, wenn sie weder Sutras rezitieren noch Zen üben?«
Der Meister erwiderte: »Ich helfe ihnen einzig dabei, Buddhas und Patriarchen zu werden.«

Ich unterstütze sie einzig dabei, diese unerschütterliche, unwandelbare Wirklichkeit von Shūnyatā zu realisieren. Ich veranlasse sie, sie zu bezeugen. Ich sorge dafür, dass sie dorthin gehen und von dort aus schauen. Da sind alle Lebewesen Buddha. Andernfalls sind alle Holzköpfe. Hakuin

Die Lebewesen sind grundsätzlich Buddha

nachzusprechen ist besser als nichts. Allein Hakuin sagte das nicht einfach her, er sprach aus seiner Erfahrung von Shūnyatā. Selbst ein toter Waschbär ist Buddha oder Patriarch – erst recht tüchtige Geschwister im Dharma. Also meint Rinzai: Mein ganzer Wunsch, all meine Gebete, Ermunterungen, Unterweisungen – sind auf ein einziges Ziel gerichtet.

Das gilt auch für uns.

»Ich habe dich bis dahin für einen gewöhnlichen Kerl gehalten; jetzt weiss ich, dass ich in dir einen Freund habe.«

Einen Freund, nicht einen Bekannten. Einen Freund in Shūnyatā. Er kennt Shūnyatā. Ich kenne Shūnyatā. In Shūnyatā treffen wir uns. Das nenne ich einen wahren Freund, ungeachtet unterschiedlicher Persönlichkeiten. Manchmal häufen sich die Differenzen; solange wir uns in Shūnyatā treffen, solange sind wir Freunde. Zwei Menschen mögen sich noch so nahe stehen, wenn sie die Erfahrung von Shūnyatā nicht teilen, sind sie nur vorübergehend miteinander verbunden. Sie teilen nicht das Verständnis von der Tiefe der Welt.

Also, Brüder und Schwestern. Gebt euer Bestes. Euer Bestes. Euer heutiges Maximum.

TRIFFST DU BUDDHA...

Aufzeichnungen von Rinzai
Reden, achtzehntes Beispiel (1)

Anhänger des Weges, wer ein Hausverzichter ist, muss notgedrungen den Weg zu erlangen suchen. Nehmt mich. In frühen Jahren widmete ich mich dem Vinaya und forschte in den Sūtren und Shāstren. Als ich später erkannte, dass diese Heilmittel der Rettung der Welt dienen und offen dargelegte Lehren sind, verwarf ich sie, suchte den Weg und übte Zen. Danach begegnete ich grossen Lehrern, mein Auge für den Weg klärte sich, und ich verstand die alten Meister im Reich und vermochte Wahres von Falschem zu unterscheiden. Dies konnte ich nicht im Augeblick, als ich von meiner Mutter geboren wurde; erst nach gründlicher Untersuchung und harter Übung begriff ich es eines Morgens selbst.
Jünger des Weges! Wenn ihr die Sicht gemäss dem Dharma zu erlangen wünscht, so dürft ihr keine trüben Anschauungen anderer annehmen. Was immer es ist, dem ihr aussen oder innen begegnet, tötet es allsogleich! Wenn ihr einem Buddha begegnet, tötet den Buddha! Wenn ihr einem Patriarchen begegnet, tötet den Patriarchen! Wenn ihr einem Arhat begegnet, tötet den Arhat! Wenn ihr Vater und Mutter begegnet, tötet Vater und Mutter! Wenn ihr Verwandten begegnet, tötet die Verwandten! Nur so erreicht ihre Befreiung; wenn ihr an nichts haftet, erlangt ihr Ausweg und Freiheit![1]

---

[1] Übersetzung von Heinrich Dumoulin. Geschichte des Zen-Buddhismus, Band I, S. 170 und S. 186

Die heutige Vorlage ist ein Abschnitt von Rinzais Rede über »wahre Einsicht«. Man hat mir gesagt, dass Einsicht, nicht Erleuchtung, die beste Übersetzung von Kenshō ist. Wahre Einsicht.

Rinzai richtet sich an die Mönche seines Tempels am Fluss Hu-t'o im Bezirk Chen-chou (jap. Chinshū). Zu dieser vom Karma auf wundervolle Weise einberufenen Versammlung – eine Versammlung wie die unsrige hier – sprach er:

> *Anhänger des Weges, wer ein Hausverzichter ist, muss notgedrungen den Weg zu erlangen suchen.*

Ich gehe davon aus, dass damals alle Zuhörer Mönche waren, die Hausverzicht übten. Selbst ihr habt für dieses Sesshin am Ende des zwanzigsten Jahrhunderts für sieben Tage Familie und Beruf aufgegeben und müsst den Weg zu erlangen suchen. »Müsst« ist ein starkes Wort, aber immer noch nicht stark genug.

Rinzai spricht:

> *Nehmt mich. In frühen Jahren widmete ich mich dem Vinaya...*

Vinaya heissen die Verhaltensregeln für Mönche und Nonnen. Je nach Schule und Überlieferung des Buddhismus gilt es, zwanzig, zweihundertundfünfzig oder fünfhundert Gebote einzuhalten. Tu dies, lass jenes! Davon sieh ab, daran halte dich! Rinzai widmete sich Geboten und versenkte sich in die Untersuchung der Sūtras und Shāstras. Vor allem des *Kegonsutra*, dieses höchsten philosophischen Ausdrucks der buddhistischen Lehre. Er befasste sich mit den Shāstras, Kommentaren zu den Sūtras, und vielem anderem. Kurz, er tat nichts anderes, als zu studieren.

> *Als ich später erkannte, dass dies Medizin für die Rettung der Welt ist, nicht aber die besondere Überlieferung ausserhalb der Lehre, verwarf ich sie, suchte den Weg und übte Zen.*

✷

Von Tokusan Senkan Zenji (782?-865) wird etwas Ähnliches berichtet, nachdem er mit Isan Reiyū Zenji zusammengetroffen war:

> Einmal machte Tokusan in einem Teehaus Rast, um sich zu erfrischen. Da er ein Schriftgelehrter war, der sich mit dem *Diamantsutra* befasste, trug er ein Exemplar dieses Sutra bei sich, zusammen mit vielen Kommentaren dazu. Als die alte Frau, die das Teehaus führte, sah, was Tokusan mit sich herumschleppte, fragte sie ihn: »Was hast du da bei dir?«
> Tokusan entgegnete voller Stolz: »Das sind weise Bücher über die Lehren des *Diamantsutra*. Ich bin hungrig. Kann ich etwas zu essen haben?«
> Darauf sagte die alte Frau: »Warte eine Sekunde! Wenn du meine Frage beantworten kannst, will ich dir gerne etwas zu essen geben, ohne dass du dafür bezahlen musst.«
> Tokusan meinte daraufhin: »Nun, los! Frag, was du willst!«
> Da sagte die Frau: »Im *Diamantsutra* steht folgender Satz: *Vergangener Geist ist nicht zu fassen, gegenwärtiger Geist ist nicht zu fassen, zukünftiger Geist ist nicht zu fassen.* Du sagtest mir, du wolltest einen Imbiss. Nun, erklär mir, mit welchem Geist willst du das Essen geniessen?«
> Tokusan war perplex und wusste keine Antwort. Ihm war klar, dass dies eine Frau von ungewöhnlicher Einsicht sein musste. Deshalb fragte er sie, nun sehr bescheiden, nach ihrem Lehrer. Sie antwortete ihm, Meister Ryūtan sei ihr Lehrer, und sie schlug Tokusan vor, ihn aufzusuchen.
> Als Tokusan mit Meister Ryūtan zusammentraf, verbrachten sie den grössten Teil des Abends damit, über das *Diamantsutra* und den Zen-Buddhismus zu diskutieren. Endlich beschlossen sie, schlafen zu gehen. Da es draussen schon stockfinster war, gab Ryūtan Tokusan eine Kerze, um ihm heimzuleuchten. In dem Augenblick, als Tokusan sie entge-

gennahm, blies Ryūtan die Flamme aus. Finsternis! In diesem Augenblick überwand Tokusan seine intellektuellen Interpretationen des *Diamantsutra*[1].

Am nächsten Tag verbrannte Tokusan vor dem Tempel von Ryūtan all seine Bücher, Abschriften, Notizen, Tonbänder, Videoaufnahmen...

*

Rinzais Worte waren:

> *Als ich später erkannte, dass diese Heilmittel der Rettung der Welt dienen und offen dargelegte Lehren sind, verwarf ich sie, suchte den Weg und übte Zen.*

Heutzutage fängt man an, Zazen zu üben, und daneben liest man viele, viele Bücher. Das kann sein Gutes haben. Während des Sesshin bringt es vielleicht am meisten, gute Bücher zu lesen, die *Aufzeichnungen von Rinzai*, die Spruchsammlung von Ōbaku *Über die Überlieferung des Geistes*, jap. *Denshin hōyō,* oder Dōgens *Schatzkammer des Auges des wahren Dharma*. Lest sie mit aufrechtem Oberkörper, Zeile für Zeile, überspringt nichts, lest sogar zwischen den Zeilen und eine Seite aufs Mal.

Um auf Rinzai zurückzukommen: Er lernte und büffelte und las und las – und warf alles weg. Endlich begann er mit Zazen.

> *Danach begegnete ich grossen Lehrern...*

Einer davon, das wissen wir, war Huang Po, Ōbaku Kiun Zenji. Ein anderer Daigu.

---

[1] Übersetzung von Sabine Reinhardt, in: Eidō Shimano. Der Weg der wolkenlosen Klarheit. S. 189f.

...mein Auge für den Weg klärte sich, und ich verstand die alten Meister im Reich und vermochte Wahres und Falsches zu unterscheiden.

Wenn ihr das klare Dharma-Auge besitzt, vermögt ihr zu verstehen. Wahre Einsicht, mehr braucht es nicht. Wahre Einsicht ist der gemeinsame Boden.

Während vieler Sommer nahm ich an den buddhistisch-christlichen Vorträgen des Naropa-Instituts teil. Solange die Vertreter des Christentums über christliche Theologie, diejenigen des Buddhismus über buddhistische Philosophie sprachen, solange gab es keine Verbindung zwischen diesen beiden, das war sonnenklar. Sobald die Katholiken aber über den Hl. Benedikt (um 480–547) sprachen, den Begründer des katholischen Benediktiner-Ordens, der den Berichten zufolge offensichtlich wahre Einsicht besass, und sobald wir Rinzais wahre Einsicht daneben stellten, konnte eine Brücke zwischen Buddhismus und Christentum geschlagen werden. Und gemeinsamen Boden betraten wir erst recht dort, wo wir über die wahre Einsicht eines Meister Eckhart sprachen.

Dies konnte ich nicht im Augenblick, als ich von meiner Mutter geboren wurde; erst nach gründlicher Untersuchung und harter Übung begriff ich es eines Morgens selbst.

Mit anderen Worten: Ich lernte, übte Zazen, suchte Lehrer auf – ich hatte es nicht schon im Augenblick meiner Geburt begriffen. Es brauchte gründliches Hinterfragen. Allergrösste Beharrlichkeit. Und den richtigen Zeitpunkt. Dann, plötzlich, ging mir mein wahres Selbst auf.

Jünger des Weges! Wenn ihr die Sicht gemäss dem Dharma zu erlangen wünscht, so dürft ihr keine trüben Anschauungen anderer annehmen. Was immer es ist, dem ihr aussen oder innen begegnet...

Wir tragen Millionen von Gefühlen und Gedanken in uns; von aussen treten Myriaden von Ablenkungen an uns heran. Daher werdet ihr während des Sesshin aufgefordert: »Lass euch nicht ablenken!« Ihr beschränkt so auf ein Minimum, was ihr loswerden müsst.

...tötet es allsogleich!

Erledigt! Schlagt tot! MU hinauszuschreien ist dasselbe wie totschlagen. Gedanken wie: War ich gut? – macht Schluss damit, MUUU! Bis ihr am Ende eurer Kräfte seid und keine Bewertungen mehr aufkommen. Das ist, was töten bedeutet. »Ich möchte meine Kräfte für das nächste MU sparen. Ich möchte es dann tun, wenn ich gut zuwege bin. Ich will MU am letzten Tag höchst dramatisch vorbringen.« Bereitet all diesem Wünschen ein Ende! Das ist der Sinn von töten.

Rinzai sagte nicht: Wenn du Buddha triffst, erweise ihm Achtung! Er sagte: Schlag Buddha tot! Triffst du deine Eltern, schlag sie tot! Du kannst ihnen kein grösseres Geschenk machen. Das ist natürlich nicht buchstäblich gemeint. Ihr seid im Begriff, dasselbe zu tun. Schlagt mich tot! Schlagt die trüben Anschauungen anderer tot. Schlagt euch Gedanken, Wünsche, Begehren, Hoffnungen aus dem Kopf. Das ist ein Hauptpunkt von Rinzais Unterweisung. Wie ihr das fertigbringen sollt? Durch MU! MUUUUU!

Nur so erreicht ihr Befreiung.

Dann packt ihr's!

Das ist Shūnyatā. Die Übersetzungen »Leerheit« oder »Nichts« macht euch kribbelig. Seid ihr einmal in den einzigartigen Teich des Shūnyatā hineingesprungen, behelligen euch keine Wörter mehr. Schlagt tot!

Gewöhnlich erfasst man den letzten Satz in diesem Abschnitt nicht richtig:

Wenn ihr an nichts haftet, erlangt ihr Ausweg und Freiheit!

Alle wollen freie Hand haben und klammern sich doch unaufhörlich an Dinge. Aus Angst. Zahllose Abhängigkeiten bilden sich.

Dōgen sagte es auf seine Art: »Wenn ihr Körper und Geist abgeworfen und das Reich Buddhas betreten habt, wird er euch anführen. Folgt ihr seinem Weg, erreicht ihr Loslösung von Leben und Sterben und werdet zu Buddha, mühelos und ohne euren Verstand brauchen zu müssen.«

Wenn ihr Körper und Geist abgeworfen habt, wird sich der Dharma eurer annehmen. Ihr erreicht Gelassenheit. Denkt also nicht einfach: Oh, das ist wieder eine dieser spannenden Anekdoten über Rinzai!

Tötet! MU und noch mal MU!

Es gibt keinen anderen Weg.

TAG DER UNABHÄNGIGKEIT

Aufzeichnungen von Rinzai
Reden, achtzehntes Beispiel (2)

Unter all den Schülern aus allen Landesteilen, die Anhänger des Weges sind, ist noch keiner vor mich getreten, der nicht an etwas haftete. Hier versetze ich ihnen einen Schlag gleich von Beginn an. Treten sie vor und brauchen ihre Hände, schlage ich sie auf die Hände. Treten sie vor und brauchen ihren Mund, schlage ich sie auf den Mund. Treten sie vor und brauchen ihre Augen, schlage ich sie auf ihre Augen. Noch ist nicht einer in einsamer Freiheit vor mich getreten. Alle knobeln an den wertlosen Kniffeleien der Alten herum.
Was mich anbelangt, kann ich ihnen nicht einen einzigen Dharma geben. Ich vermag allein Krankheiten zu heilen und Fesseln zu lösen.
Ihr Anhänger des Weges aus allen Landesteilen, versucht, vor mich zu treten, ohne an etwas zu haften!
Fünf, zehn Jahre sind vergangen, und noch ist keine solche Person erschienen. Statt dessen kamen lauter Gespenster, die an Gräsern hängen oder an Blättern kleben, Bambus- und Baumseelen, wilde Fuchsgeister. Verwegen nagen sie an allerlei Dungknollen. Mit Blindheit geschlagene Toren! Leichtfertig *vertun sie die Gaben, die ihnen überall die Gläubigen gespendet haben, und brüsten sich: »Wir sind Hausverzichter.« Und hegen doch derlei Ansichten!*

Dies ist ein tiefsinniger Abschnitt der *Aufzeichnungen von Rinzai*. Nicht eine Person ist vor Rinzai getreten, die nicht an irgend etwas haftete. Lassen wir mal die Schüler von Rinzai Gigen Zenji in China aus dem Spiel und schauen wir uns selber im Spiegel an, dann sehen wir, dass wir entweder vom Beistand des Sangha abhängen oder vom Zuspruch des Vorstehers im Zendō, von der Rezitation der Sutras, der Beschäftigung mit dem Kōan, dem Zählen der Atemzüge, oder von was immer ihr wollt.

Beim genauen Lesen gelangt man zur Erkenntnis, dass Meister Rinzai in einem gewissen Sinn recht strikt war, andrerseits ungewöhnlich idealistisch und ausserdem ein Purist. Er versagt uns alles, worauf wir uns verlassen.

Hier versetze ich ihnen einen Schlag gleich von Beginn an.

Ich beraube, nehme weg, gleich von Beginn an. Das ist s e h r gut ausgedrückt. Von allem Anfang an.

Treten sie vor und brauchen ihre Hände, schlage ich sie auf die Hände.

Vorsicht beim Lesen! Ihr dürft die Hand brauchen zur Bezeugung des Unausdrückbaren. Wenn ihr es aber in gleicher Weise tut wie Hakuin auf die Frage nach dem *Ton des Klatschens der einen Hand*, oder wie Gutei mit seinem *Ein-Finger-Zen*[1], so sind das bloss Plagiate; diese Handzeichen stehen sozusagen unter Copyright. In einem solchen Fall würde euch Rinzai auf die Hände schlagen, beraubte er euch eures nachahmenden Handzeichens.

Treten sie vor und brauchen ihren Mund,
schlage ich sie auf den Mund.

Den Mund zu schliessen ist auch den Mund brauchen. Dann würde er euch den Gebrauch des Munds wegnehmen - wegnehmen ist ein besseres Wort als schlagen.

---

[1] Mumons torlose Schranke, drittes Beispiel: »Gutei hebt den Finger«

Noch ist nicht einer in einsamer Freiheit vor mich getreten.

Er meint, frei vom Körper, frei von Buddha, frei vom Dharma, frei von Zazen, frei von den Sutras, frei von MU.

Alle knobeln an den wertlosen Kniffeleien der Alten herum.

Rinzai ist sehr streng. Wir bedienen uns des Kōan-Systems von Hakuin, der *Torlosen Schranke*, des *Plattformsutras* und anderer »wertloser Kniffeleien der Alten«. Rinzai selbst könnte die Spruchsammlung von Ōbaku *Über die Überlieferung des Geistes* benutzt haben, das *Plattformsutra* des Sechsten Patriarchen oder des Dritten Patriarchen *Meisselschrift des gläubigen Geistes*. Seiner Meinung nach hatte keines davon unmittelbare lebendige Kraft. Es waren bloss Kommentare oder Erläuterungen. Anders als wir, die wir heute im Sesshin die *Aufzeichnungen von Rinzai* zugrunde legen, stützte er sich nicht auf einen Text. Er sprach unabhängig von jedem Text, von irgendwelchen Dharma-Gesprächen aus der Vorzeit oder von jeder vergangenen Begebenheit. Nur wir Zeitgenossen sind derart abhängig von Texten über Zen, Anweisungen zum Zen, Sesshin, Kōan, Zazen, Sutras. Rinzai war also Romantiker oder Idealist, und ein Purist dazu.

Alle knobeln an den wertlosen Kniffeleien der Alten herum.

Im strengen Sinn genügt MU. Und selbst ohne MU, ohne von Zazen abzuhängen, ist wahre Einsicht genug. Alles, was nötig ist.

Was mich anbelangt, kann ich ihnen nicht einen einzigen Dharma geben.

Warum nicht? Weil ihr seid, wie ihr seid und nicht anders sein könnt. Kurz: Ihr seid – wie ihr seid – Buddha, und könnt nicht anders sein.

Viele sagen dazu: Ich, Buddha? Schwer zu glauben. Ihr könnt nicht Buddha werden, weil euch der Glaube fehlt. Rinzai sagte es ebenfalls: Ihr habt nicht genug Glauben. Lasst mich etwas vorlesen:

> *Lernende bringen heutzutage nichts zustande. Wo liegt ihre Krankheit? Die Krankheit liegt darin, dass sie sich selbst nicht vertrauen. Wenn ihr nicht an euch selbst glaubt, so taumelt ihr allen Umständen folgend hin und her, von tausend Dingen im Kreis gedreht, und könnt nicht zur Freiheit gelangen* [1].
>
> Rinzai. Reden, zehntes Beispiel

So ist es doch, nicht wahr?

> *Was mich anbelangt, kann ich ihnen nicht einen einzigen Dharma geben.*

Das meint: Ihr habt ihn bereits. Ihr seid bereits Buddha, ohne Rücksicht auf Alter oder Aussehen. Jedoch denken viele: »Ach, ich bin derart unvollkommen... Bin ich einmal vollkommen, werde ich das akzeptieren können«. So argumentiert eben der Holzkopf. Aus diesem Grund könnet ihr »es« nicht begreifen, sagt Rinzai.

> *Ich vermag allein Krankheiten zu heilen und Fesseln zu lösen... versucht vor mich zu treten, ohne an etwas zu haften!*

Dann würden wir uns in einer wahrhaftigen echten Begegnung treffen. Wir würden in den Bereich von MU eintreten.
Unfreie Gespenster,

---

[1] Übersetzung von Heinrich Dumoulin, Geschichte des Zen-Buddhismus. Band I, S. 181

IV TEISHŌ IM GEIST VON RINZAI

mit Blindheit geschlagene Toren! Leichtfertig vertun sie die Gaben, die ihnen überall die Gläubigen gespendet haben, und brüsten sich: »Wir sind Hausverzichter«...

Falls ihr eine Ausgabe der *Aufzeichnungen* besitzt, solltet ihr diesen Satz zehn-, zwanzigmal lesen.
Meister Rinzai prägte den Ausdruck:

Ein wahrer Mensch ohne Rang.

Wahrer Mensch – ohne Rang, ohne Zazen, ohne Kōan, ohne Zendō, ohne Sesshin – wahrhaft f r e i. Frei von all dem Zeug, das wir für wertvoll halten. Selbst Aussagen wie eine »Frau mit Zen«, ein »Zen-Mann« binden. Hier haben wir den Puristen Rinzai vor uns. Keine unfreien Gespenster zu sein, das wäre ideal. Realistisch gesehen brauchen wir den Sangha zur gegenseitigen Unterstützung; wir brauchen das Kloster, um uns darin zu versammeln; wir benötigen Sesshin, die helfen, in uns Veränderungen zu bewirken; wir bedürfen des Zazen, unter anderem um Sammlung zu üben. Wir glauben, ohne all dies nicht auskommen zu können...

Einiges kann man nicht ändern; doch müssen wir unsere Bedürfnisse auf ein Minimum beschränken.

KANNST DU NICHTS-TUN?

Aufzeichnungen von Rinzai
Reden, achtzehntes Beispiel (3)

Ich sage euch, es gibt keinen Buddha, keinen Dharma, keine Übung, keinen Beweis zu erbringen. Wonach sucht ihr dann auf Haupt- und Nebenstrassen? Mit Blindheit Geschlagene! Ihr setzt einen Kopf auf den, welchen ihr schon habt. An was fehlt es euch? Anhänger des Weges, eure eigenen derzeitigen Handlungen sind nicht anders als die von Patriarchen-Buddhas. Ihr fahrt fort, aussen zu suchen, weil ihr nicht darauf vertraut. Begeht keinen Fehler! Aussen gibt es keinen Dharma; innen gibt es keinen zu erlangen. Anstatt die Wörter aus meinem Mund aufzuschnappen, solltet ihr es mit der Ruhe nehmen und nichts tun.

Anderswo spricht uns Rinzai Mut zu und drängt uns zu handeln, zu tun, was wir zu tun hätten. Wir müssten üben. Wir sollten Buddha töten. Und im allgemeinen legen wir grosses Gewicht auf diese Dinge während eines Sesshin. Zazen ist unabdinglich, Sammlung wesentlich. Disziplin: Lasst eure Blicke nicht schweifen, verhaltet euch ruhig bei euren Verrichtungen... Viele von euch fühlen noch Widerstände, doch sind dies die Gründe, wieso wir uns während eines Sesshin einen strengen Zeitplan auferlegen.

Im heutigen Abschnitt spricht Rinzai allerdings eine ganz andere Sprache. Kraft seiner Erkenntnis spricht er aus der Perspektive von Shūnyatā. Wir rezitieren:

Aus der Sicht eines Schülers des Dharma ist die wirkliche Gestalt des Universums die unversiegliche Bekundung der geheimnisvollen Wahrheit von Shūnyatā –

– was dasselbe bedeutet wie das an dieser Stelle übliche *Tathāgata*.

In jedem einzelnen Begebnis, in jedem Augenblick und an jedem Ort geschieht nichts anderes als die wunderbare Offenbarung seines strahlendes Lichts.
         Glaubensbekenntnis des Bodhisattwa

Rinzai spricht im Abschnitt, den wir uns heute vornehmen, aus demselben Blickwinkel. Ich erinnere euch daran, dass es zwei verschiedene Arten von Unterweisung gibt. Die eine ist Zuspruch, die andere unmittelbarer Hinweis. Dieser Abschnitt ist mehr als Ermunterung; er ist echtes Teishō.

Ich sage euch, es gibt keinen Buddha, keinen Dharma, keine Übung, keinen Beweis zu erbringen.

Entweder geraten wir in Verwirrung, wenn wir dies hören, oder es liefert uns einen prima Vorwand, uns nicht reinzuknien und zu üben. Es gibt eben tatsächlich zwei Ebenen der Sprache. Vordergründig sagen wir: Sitz mit aller Kraft, rühr dich nicht, halte dich an MU – und all dies ist notwendig. Hintergründig, eigentlich unmittelbar hier und jetzt, sagt uns der form-, namen-, alters-, ranglose, vorübergehend Rinzai Gigen genannte Jemand, dass es weder Buddha noch den Dharma noch die Übung als solche gebe.

Rinzai fragt:

Wonach sucht ihr dann auf Haupt- und Nebenstrassen? Mit Blindheit Geschlagene! Ihr setzt einen Kopf auf den, welchen ihr schon habt.

In Hakuins *Preislied des Zazen* rezitieren wir:

Wir gleichen denen, die mitten im Wasser stehen und doch nach Wasser rufen. Als Söhne des Reichsten und Vornehmsten geboren, wandeln sie gleichwohl in Armut und Elend trostlos dahin.

Wir begehren und begehren und können doch nicht genug bekommen. Wir denken, wir müssten irgendwie weiterkommen. So wollen wir Fortschritt. Wahrer Fortschritt indessen bedeutet zu erkennen, dass wir wie Kinder aus reichem Haus sind. Wir stehen mitten im Wasser, und es besteht keine Notwendigkeit, flehentlich um Wasser zu bitten. Dies zu erkennen bedeutet wahren Fortschritt.

Nyogen Senzakis letzte Worte waren: »Setzt euch keinen falschen Kopf auf!« Er verschied am 6. Mai 1958. Solche Rede ist wahres Teishō.

Versuchen wir einmal, uns jemand vorzustellen, der sich nicht ein langes Leben, Gesundheit, Glück und Reichtum wünscht. Eine derart genügsame Person ist ungewöhnlich tapfer und stark. Sie hat erkannt, dass »Wollen« einen weiteren Kopf auf den eigenen setzen heisst.

Ihr besitzt schon alles, was ihr braucht. Daran müsst ihr glauben. Ihr erwähnt Geld. Aber ihr kennt das Leiden nicht, den der Besitz von Geld mit sich bringt. Ich war einmal Millionär und kenne die Beschwernis, die damit verbunden ist. Und heute weiss ich, dass bei anhaltendem Üben das Geld von allein kommt. Und von selbst wieder geht! Irgendwie wird aber immer genügend zum Leben vorhanden sein. Deshalb rufe ich euch immer wieder in Erinnerung: Gebt euer Bestes, sorgt euch nicht, der Dharma wird sich darum kümmern.

An was fehlt es euch?

Oft hört ihr Zen-Buddhisten sagen: »Alles ist vollkommen. Die Dinge sind vollkommen, wie sie sind, und können nicht anders sein.« Gewöhnlich halten wir Vollkommenheit für etwas Erstrebenswertes. Im vorliegenden Fall betrachten wir die Dinge etwas anders. Eigentlich ganz anders. Jemand erkältet sich. Eine vorübergehende Erscheinung. Wie er in jenem selben Augenblick ist, ist er vollkommen. Das ist fast nicht zu fassen. Es fällt uns unheimlich schwer, zufrieden zu sein. »Ich hätte dieses und jenes nötig. Es reut mich eins und das andre. Ich wünsche mir dies und das für die Zukunft. Ich wollt', ich wär...« Ist es etwa nicht so? Und was habt ihr davon? Mit Verlaub gesagt – Frustrationen. Wir fahren im alten Trott fort und sind immer von neuem frustriert. Wiederholt geben wir uns Träumereien hin, immer wieder werden wir enttäuscht. Statt einzusehen: Ich bin, was ich bin. Hier und jetzt. Derzeit ohne einen Pfennig in der Tasche. Das heisst nicht, dass es auch morgen so sein wird, wer weiss...

Diese völlig andere Denkart fällt unserer Zivilisation ungewöhnlich schwer, wir können sie kaum annehmen. Doch denke ich, dass die Zeit reif dafür ist, das wir unsere Einstellung ändern, statt enttäuscht zu sein und dauernd zu jammern. Lasst uns versuchen, wenigstens von Zeit zu Zeit genügsam und dankbar zu sein, dann wird sich die Welt verändern. Von Zuversicht ausgehende Schwingungen ziehen an wie Magneten. Umgekehrt veranlassen pessimistische Schwingungen, dass uns alles zu entgleiten scheint. Folglich verpasst ihr die besten Gelegenheiten in diesem grossen Widerspruch: Je mehr ihr begehrt, desto mehr entzieht sich euch; je weniger ihr wollt, desto mehr stellt sich ein. Fragt mich nicht, wieso, aber irgendwie klappt es.

An was fehlt es euch? Anhänger des Weges, eure eigenen derzeitigen Handlungen unterscheiden sich nicht von denen der Patriarchen-Buddhas.

Wir neigen zur Annahme: Shākyamuni Buddha ist vollkommen, Bodhidharma kommt der Vollkommenheit sehr nahe, Rinzai scheint vollkommen, Hakuin erweckt den Eindruck der Vollkommenheit. Wir verklären Buddhas und Patriarchen und Weise. Schauen wir dann uns selber an, bereitet es uns grosse Mühe zu sagen: Ich bin ohne Fehler. Ich stecke doch voller Fehler! Und doch nieste Shākyamuni Buddha, als er erkältet war. Bodhidharma sass nicht neun Jahre lang regungslos da – er stand auf, setzte sich wieder hin, ass, ging ins Badezimmer; nachts schlief er.

Anhänger des Weges, eure eigenen derzeitigen Handlungen unterscheiden sich nicht von denen der Patriarchen-Buddhas. Ihr fahrt fort, aussen zu suchen, weil ihr nicht darauf vertraut. Begeht keinen Fehler! Aussen gibt es keinen Dharma; innen gibt es keinen zu erlangen.

Tatsächlich gibt es nichts. Es gibt weder ein Aussen als solches, noch gibt es ein Innen als solches, noch ein Dazwischen als solches. Man kann eigentlich gar nicht darüber sprechen. Und trotzdem sprechen wir darüber und benennen es Shūnyatā oder etwas gegenständlicher »der eine Geist« oder etwas geheimnisvoller MU.

Anstatt die Wörter aus meinem Mund aufzuschnappen, solltet ihr es mit der Ruhe nehmen und nichts tun.

Hier wird die Betonung wesentlich. Nehmen! Mit der Ruhe n e h m e n und nichts t u n. Das ist ein herrliches Kōan. Könnt ihr nichts tun? Wenn ihr aufsteht, steht ihr. Setzt ihr euch, wird man sagen, ihr sitzet da und tätet nichts. Falsch, ihr sitzt. Nichts t u n. Das ist einer der Schlüsselbegriffe in den *Aufzeichnungen von Rinzai*.

✱

Daisetz Teitarō Suzuki verfasste eine gut verständliche und kluge Erklärung dieses Nicht-Tuns, die ich euch hier vorlege.

Jap. *buji* ist einer der sinnreichsten Begriffe im Begriffsschatz des Zen, besonders in der Rinzai-Schule. Allerdings wird er leicht missverstanden von Leuten, die sich nicht in der Lebensart und im Lebensgefühl Asiens auskennen. Wer den Dharma wirklich, durch und durch, aus Erfahrung verstanden hat, der erkennt, dass es ihm an gar nichts in diesem seinem Leben fehlt. Alles und jedes, was er braucht, findet er bei und in sich. Wer das erfahren hat, ist »ein Bujist«. Der Grund, weshalb Buji wohl zu jenen Begriffen gehört, für die es in den europäischen Sprachen keine Entsprechung gibt, ist wohl der, dass es im westlichen Denken nichts gibt, was ihm gleichkommt. Zur Übersetzung von Lao Tzus »Mu-i« mag »Nicht-Handlung« oder »Nicht-Tun« genügen; »Nicht-Geist« mag hingehen für Enō Daikans »Mu-shin«. Aber »Ungeschäftigkeit« oder »Un-Geschehen« für Rinzais »Bu-ji« führt zu Missverständnissen. Die Schwierigkeit liegt darin, ein Wort zu finden, das sämtliche Bedeutungen von *Ji* vereint. *Ji* bedeutet allgemein »Ereignis, Geschäft, Sache, Anliegen, Verpflichtung, Unternehmung«. Wird das alles durch *bu* verneint, hätten wir in einem »Buji-Menschen« eine Person vor uns, die keinem Geschäft nachgeht, oder eine, in deren Leben sich nichts ereignet, eine unbekümmerte oder teilnahmslose Person, uninteressiert, gleichgültig. Nichts von all dem trifft auf den »Buji-Menschen« zu. Er ist jemand, der den Dharma oder die Wirklichkeit des Universums tatsächlich verstanden hat. Befreit von allen Äusserlichkeiten, ist er ein Buddha und Patriarch. Ihm obliegt die grossartige Aufgabe, all seine Mitmenschen in den Zustand der Erwecktheit zu führen. Solange es noch ein Wesen gibt, das nicht befreit ist, hat er keine Ruhe. Er ist ein Schwerarbeiter. Zen-Leute würden äussern, er sei einer der vielbeschäftigsten Menschen auf der Welt. Und doch macht er keine Geschäfte. Nichts geschieht ihm. Er ist vollkommen unbeschwert. Was für ein Mensch ist das wohl? Mit Meister

Buji kore kinin

Ein Mensch ohne Beschwer,
das ist der Edle

Shimano Eidō
Tani Kōgetsu

Eckharts Worten: »ein edel mensche.« In der Sprache des Zen: »buji no hito«[1].

*

Nehmt es mit der Ruhe und tut nichts. Vordem nannte Rinzai noch Schwerarbeit, eiserne Disziplin, gründlichste Untersuchung. Hier sagt er:

Ihr solltet es mit der Ruhe nehmen und nichts tun.

Das ist alles andere als leicht.

---

[1] Suzuki, Daisetz T.: »Rinzai on Zen«, in: The Awakening of Zen, p. 62 n. 7

DAS VERLASSEN DES KÄFIGS

Aufzeichnungen von Rinzai
Kritische Erwägungen, vierundzwanzigstes Beispiel

Einst zog Fuke durch die Strassen und bat jeden, dem er begegnete, um eine nahtlose Kutte. Alle boten ihm eine solche an, doch Fuke schlug sie alle aus. Rinzai hiess den Mönch, dem die Verwaltung oblag, einen Sarg besorgen, und als Fuke vorbeikam, sagte der Zen-Meister: »Ich hab' dir eine nahtlose Kutte.« Fuke lud sich den Sarg auf den Rücken, ging in den Strassen umher und rief: »Rinzai hat mir eine Kutte aus einem Stück geschneidert. Ich werde zum Osttor gehen, um aus diesem Leben zu scheiden.« Alle Bewohner des Orts eilten ihm nach, um zuzuschauen. »Mmh, heute nicht«, sagte Fuke; »doch werde ich morgen zum Südtor gehen, um aus diesem Leben zu scheiden.« Nachdem er dasselbe drei Tage lang wiederholt hatte, hörte niemand mehr auf ihn. Am vierten Tag ging ihm keiner mehr nach, um dabeizusein. Er machte sich alleine auf, legte sich ausserhalb der Stadtmauern in den Sarg und bat einen Vorübergehenden, den Deckel darauf zu nageln. Die Nachricht sprach sich im Nu herum. Alle Bewohner stürzten herbei. Als sie den Sarg aufmachten, stellten sie fest, dass Fuke spurlos verschwunden war. Nur der Klang seiner Glocke ertönte am Himmel aus immer grösserer Entfernung, kling... ling... ing....

Dieser Fuke ist ein irrer Typ. Ich werde das gleich erklären. Fuke (gest. 860) soll den Dharma von Banzan Hōshaku (720–814) geerbt haben, der seinerzeit die Nachfolge von Baso Dōitsu antrat. Im *Tedai Denpō* folgt allerdings Hyakujō dem Baso, doch hatte Baso mehrere Nachfolger; einer davon war Banzan.

Über Zen-Meister Banzan Hōshaku erzählt man sich eine aufschlussreiche Geschichte. Er habe sich einst auf einem Gang durch die Stadt befunden, als er an einem Fleischerladen vorbeikam. Aus einem bestimmten Grund wollte er Fleisch kaufen. Er erkundigte sich unter der Tür: »Ist es frisch?« Der Metzger versicherte: »Hier findet sich nichts, das nicht frisch ist.« Mit andern Worten, alles ist frisch. Alles ist, wie wir sagen, MU. Als Banzan dies vor der Metzgerei vernommen habe, habe er klare Einsicht erlangt.

Zurück zu Fuke, der eine interessante Rolle im Dharma spielt. In eurem eigenen Leben findet ihr ähnliche Gestalten. Fuke lebte bereits im Tempel, als Rinzai anlangte. Er war dort, um den Mönchen zur Hand zu gehen. Nachdem Rinzai zum Lehrer eingesetzt worden war, verschwand Fuke spurlos. Ihr müsst in eurem Leben diese oder jene Person gekannt haben, die anscheinend dazu da war, euch beizustehen, um dann, wenn ihr mit eurer Arbeit so richtig in Fahrt gekommen wart, wieder zu verschwinden. Bei uns gab es zahlreiche Fukes, und nicht alle waren Exzentriker. Wenn man den Dharma wahrhaftig begreift, versteht man diese geheimnisvollen Begebenheiten und geht nicht darüber hinweg. Im Gegenteil, man weiss sie zu schätzen. Auch ihr selbst seid vorübergehend Fukes. Ohne euch fände dieses wundervolle Sesshin nicht statt. Früher oder später werdet ihr verschwinden, und inzwischen wird ein anderer Fuke zu uns gestossen sein, und derart wird die Tradition weiterleben.

Dieser eine Fuke war nicht einfach »daneben«. Um dies begreiflich zu machen, muss ich ein paar Missverständnisse klären, zumal was die Praxis des Zazen angeht.

Im Japanischen gibt es den Begriff *kyōgai*[1]. Er findet sich nicht in westlichen Wörterbüchern. Was nun Fukes Kyōgai anlangt, bezeichnet es eine Gemüts- oder Lebensart der freisten, gelassensten, am wenigsten anhaftenden Sorte, die über die allge-

---

[1] Jap. *kyōgai* bedeutet im engern Sinn »Los, Lebensumstände«.

meinen Auffassungen von »richtig« und »falsch«, »angebracht« und »unangebracht« hinausgeht.

Wir hocken im Käfig wie ein Vogel, und der Käfig will uns weismachen, drinnen sei es sicher, draussen lauerten allerhand Gefahren. – Du gehst besser nicht raus. Bleib drin! – Da wir ängstlich sind, bleiben wir drin, doch sehnen wir uns nach echter Freiheit. Wenn jemand Kyōgai hat, hat er ein beherztes und klares Verständnis von Diesem Etwas und keine Angst, den Käfig zu verlassen. Es sieht recht seltsam aus, wie sie oder er handelt. Es lässt sich nicht in den gängigen Raster spannen. Was sie von sich geben, versteht man nicht. Gempo Rōshi besass ein besonderes Kyōgai. Allerdings besteht die Gefahr, dass einige Leute dies Verhalten einfach nachahmen, ohne selbst den Durchbruch zur tiefen Erkenntnis geschafft zu haben.

*

Einige Geschichten aus den *Aufzeichnungen von Rinzai* sollen Fuke näherbringen.

Als Rinzai und die ehrwürdigen Priester Kaiyo und Mokuto einmal zusammen um das Kohlebecken in der Mönchshalle sassen, berichtete Rinzai: »Fuke treibt sich Tag für Tag auf der Strasse herum und führt sich wie ein Irrer auf. Wer vermöchte zu sagen, ob er ein Einfältiger oder ein Weiser ist?« Noch bevor er geendet hatte, trat Fuke ein und setzte sich dazu. »Bist du nun einfältig oder weise?« fragte ihn Rinzai.
»Das möchte ich von Euch wissen, ob ich ein Einfältiger oder ein Weiser bin«, entgegnete Fuke.
Rinzai brüllte ihn an.
Fuke zeigte mit dem Finger auf jeden von ihnen und sagte: »Kaiyo ist eine junge Braut, Mokuto ist eine Grossmama des Zen und Rinzai eine Rotznase, doch besitzt er das Auge des Dharma.«

»Dieb!« schrie der Meister.
»Dieb! Dieb!« rief Fuke und ging hinaus.
                        Kritische Erwägungen, viertes Beispiel

✳

Ein andermal knabberte Fuke rohes Gemüse vor der Meditationshalle. Der Meister erwischte ihn und bemerkte:
»Ganz wie ein Esel!«
»I-aah! I-aah!« gab Fuke zurück.
»Dieb!« sagte der Meister.
»Dieb! Dieb!« rief Fuke und ging davon.
                        Kritische Erwägungen, fünftes Beispiel

Hier helfen einige Erklärungen. Im Japanischen kennen wir folgende Redensart:

Rikō ka buka ka, tsukami dokoro ga nai.

Ob jemand bei – oder von Sinnen ist, lässt sich nicht leicht ausmachen. Er oder sie lässt sich nicht festlegen. Ist es ein Dummkopf oder eine Leuchte? Dem entspricht:

Bist du ein Einfältiger oder ein Weiser?

Wir müssen erreichen, eine Person zu werden, die von andern weder als blöde noch als brillant abgestempelt werden kann – eine Finesse der Meditationsübung.
    Nicht allzuoft stossen wir auf einen Menschen, den wir nicht einreihen können. Der bleibt dann unfassbar, unbegreiflich. Was denkt sie? Was hat er im Sinn? Das ist besagtes Kyōgai. Die Meisten von uns tragen ihren Stempel zur Schau wie ein T-Shirt: »Ich bin klug – Ich bin süss – Ich bin dies-und-das.« Ein blütenweisses Leibchen besagt dagegen soviel wie:

Bist du ein Einfältiger oder ein Weiser?

Zweimal kommt der Ausruf *Dieb! Dieb!* vor. An einer andern Stelle teilte Zen-Meister Rinzai mit:

Ich besitze nichts, das ich euch geben könnte.

Das hat eine tiefe Bedeutung. Ich habe nichts, das ich euch geben könnte: Keinen Dharma, keine Durchhaltekraft, nichts. Ich entwinde, nehme, luchse euch bloss ab, was immer ihr habt. Und wir haben eine ganze Menge. Wir besitzen materielle Güter bis zu einem gewissen Ausmass. Und dann tragen wir einen Haufen geistiges, gefühlshaftes und seelisches Zeug mit uns herum. Deswegen bestiehlt uns der diebische Rinzai. Er nimmt es, luchst es uns ab, so dass wir am Ende geistig, seelisch und gefühlsmässig nackt dastehen und zum Beispiel keinen Zorn mehr im Bauch haben.

Lest wieder und wieder in den *Aufzeichnungen von Rinzai*! Mir begegnen keine Christen, die nicht ihre Bibel, besonders das Neue Testament kennen. Dagegen haben eine Menge Schüler des Zen noch nie das *Rinzairoku* gelesen. Woher kommt das? Meine Mutter gehörte der Gemeinde eines Rinzai-Tempels an, und ich bin absolut sicher, dass sie die *Aufzeichnungen von Rinzai* nie gelesen hat. Wieso?

Fuke pflegte durch die Strassen zu ziehen und eine kleine Glocke zu läuten. Dazu rief er: »Kommt es als Licht, schlag' ich das Licht. Kommt es als Dunkel, schlag' ich das Dunkel. Kommt es aus allen vier Ecken und acht Himmelsrichtungen, treffe ich es wie ein Wirbelwind. Vom leeren Himmel herab peitsche ich wie ein Dreschflegel darauf ein.« Zen-Meister Rinzai befahl seinem Helfer, Fuke zu packen, sobald er diese Worte höre, und ihn zu fragen: »Was, wenn es gar nicht kommt?«

Der Mönch tat, wie ihm geheissen. Fuke stiess ihn weg und sagte: »Morgen findet im Daihi-in Tempel ein Festessen statt.« Der Mönch kehrte zurück und berichtete es Rinzai.
Der Zen-Meister sagte: »Über diesen Kerl hab' ich mich immer nur wundern können.«

Kritische Erwägungen, sechstes Beispiel

Lasst mich die Stelle:

Kommt es als Licht, schlag' ich das Licht

etwas erklären. Ein Abschnitt im *Lotossutra* kann folgendermassen wiedergegeben werden:

> *Buddha teilte dem Bodhisattwa Unerschöpflicher Sinn [Akshayamati] mit: »Guter Sohn! Wenn die Lebewesen in einem der Reiche durch die Gestalt eines Buddha errettet werden sollen, so erscheint ihnen der Bodhisattwa ›der die Rufe der Welt beachtet‹ [Avalokiteshvara] in der Buddha-Gestalt und verkündet für sie das Gesetz. Jenen, die durch die Gestalt eines Pratyeka-Buddha errettet werden sollen, erscheint er als Pratyeka-Buddha und verkündet für sie das Gesetz...*

Lotossutra, siebentes Buch,
fünfundzwanzigster Abschnitt

Wer im Körper eines Busfahrers lebt, dem erscheint er als Busfahrer und predigt für ihn den Dharma. Er erscheint als Bankangestellte und predigt den Dharma. Er erscheint als Grafiker und predigt den Dharma.

Kommt es als Licht, schlag' ich das Licht, kommt es als Dunkel, schlag' ich das Dunkel.

✻

Einst zog Fuke durch die Strassen und bat jeden, dem er begegnete, um eine nahtlose Kutte. Alle boten ihm eine solche an...

Wäre er tatsächlich von Sinnen gewesen, hätte er nicht in Wirklichkeit Rinzais Buddha-Dharma unterstützt – die Leute hätten ihm wahrscheinlich kein Gehör geschenkt. So aber wussten sie alle um die Verdienste Fukes um den Dharma und boten ihm noch so gerne an, worum er bat,

> *...doch Fuke schlug sie alle aus. Rinzai hiess den Mönch, dem die Verwaltung oblag, einen Sarg besorgen, und als Fuke vorbeikam, sagte der Zen-Meister: Ich hab' dir eine nahtlose Kutte.*

Als Fuke ihn sah, war er ganz hingerissen.

Er lud sich den Sarg auf den Rücken, ging in den Strassen umher und rief: Rinzai hat mir eine Kutte aus einem Stück geschneidert. Ich werde zum Osttor gehen, um aus diesem Leben zu scheiden.

Als Zen-Meister Gempo sechsundneunzig Jahre alt war, pflegte er zu sagen: »Ich möchte Schluss machen mit meinem Komödiantenleben.«
Mag es auch für euch schwer zu verstehen sein, er sah diese Welt als eine Komödie an. Weinen, Brüllen, Essen, Ernstsein – es ist alles Komödie. Der Haken daran ist, dass wir es nicht so sehen. Wir sträuben uns dagegen, dass es eine Komödie ist. »Es ist eine ernste Sache.« Und ist doch Komödie!
Gempo Rōshi meinte also, dass er mit seiner Komödie Schluss machen und sich von der Weltkomödie verabschieden wolle. Der ihm als Helfer zugeteilte Mönch sagte: »Rōshi, jetzt ist kein günstiger Moment zu sterben; die Bauern pflanzen den Reis an

und wir sind alle zu beschäftigt, um eine Abdankungsfeier abzuhalten. Könnten Sie es nicht rausschieben?« Und Gempo antwortete: »Nun gut, dann verschiebe ich es eben.«

Er starb am 4. Juni 1961.

Worauf ich hinauswill, ist, dass Zen-Meister Gempo sein eigenes Kyōgai hatte. Er konnte frei darüber entscheiden, sein Ableben aufzuschieben, und frei entscheiden abzugehen. Zu sagen: »Ich werde morgen abreisen«, oder: »Ich verschiebe die Abreise auf Freitag« ist leicht. Aus diesem Leben zu scheiden nicht. Immer noch hält man den Tod für etwas Ungutes, Unglückliches, Leidvolles und Beängstigendes, weil er ein anderer Bereich ist. Obwohl dieses Leben schmerzvoll ist, hängen wir an vielem. Wir sind nicht frei, zu kommen und zu gehen. Unser Kyōgai ist nicht gut entwickelt. Anders in Meister Gempos und in Fukes Fall:

> *Ich werde zum Osttor gehen, um aus diesem Leben zu scheiden...*

Wie viele von uns können sagen: »Ich werde heute nachmittag aus dem Leben scheiden«?

Das ist denn der entscheidende Punkt in dieser merkwürdigen Geschichte über Fuke, welche die wahrhaftige Freiheit von Leben-und-Tod vor Augen führt.

> *Alle Dorfbewohner eilten herbei, um zuzuschauen.*

Das ist verständlich. Sie waren natürlich neugierig.

> *»Mmh, heute nicht«, sagte Fuke, »doch werde ich morgen am Tor des Südens aus dem Leben scheiden.«*

Und da gingen ihm nur noch wenige nach.

Nachdem er das drei Tage lang so getrieben hatte, hörte niemand mehr auf ihn.

Auch das ist, vom gewöhnlichen Standpunkt aus, gut nachzuvollziehen.

Am vierten Tag ging ihm keiner mehr nach, um dabeizusein. So machte er sich alleine auf, legte sich ausserhalb der Stadtmauern in den Sarg und bat einen Vorübergehenden, den Deckel darauf zu nageln.

Offenbar kam zufällig jemand vorbei. »Hallo! Haben Sie einen Augenblick Zeit? Wären Sie so gut und nagelten...« Und er tat es.

Das sprach sich im Nu herum. Alle Dorfbewohner stürzten herbei.

Einer schlug vor, den Sarg zu öffnen. »Es handelt sich um einen Prominenten. Er braucht eine Abdankung.«

Als sie den Sarg aufmachten, stellten sie fest, dass Fuke spurlos verschwunden war.

Das ist eine grossartige Stelle. So sprechen die *Aufzeichnungen von Rinzai* über Shūnyatā. Auf diese dramatische und poetische Art sprechen sie von Selbstlosigkeit und Körperlosigkeit.

Sie stellten fest, dass Fuke spurlos verschwunden war. Nur der Klang seiner Glocke ertönte am Himmel aus immer grösserer Entfernung, kling... ling... ing.

ANHANG

WORTERKLÄRUNGEN

Bodhisattwa	sanskr. »Erleuchtungswesen«, das auf sein eigenes Nirwana verzichtet, um allen Geschöpfen nahe zu bleiben und zur Befreiung zu verhelfen.
Chan	→ **Zen**
Dao	chin. »Weg«, Lehre; zentraler Begriff des Taoismus
Dharma	sanskr., hauptsächlich die den Dingen zugrunde liegende Ordnung, das »Gesetz«, und die »Lehre« oder Wahrheit Buddhas und der Patriarchen. Weiter bedeutet Dharma sowohl das Absolute wie auch die Erscheinungswelt und ihre Wechselwirkung.
Dhyāna	→ **Zen**
Dokusan	Einzelgang zum Zen-Meister, um das Verständnis des Kōan darzulegen; auch »Sanzen« genannt.
Hinayāna-Buddhismus	→ **Mahāyāna-Buddhismus**
Karma	sanskr., Taten und Tatabsichten, welche jede neue Existenzform bedingen und bestimmen.
Kenshō	Erkennen des Eigenwesens, der Eigennatur; auch »Satori« genannt.
Kessei	Übungszeitraum in einem Zen-Kloster von ungefähr drei Monaten
Kōan	Meditationsaufgabe, die der Zen-Meister dem Schüler stellt. Sammlungen von überlieferten Kōan sind *Mumons torlose Schranke* und die *Niederschrift von der smaragdenen Felswand*.
Mahāyāna-Buddhismus	Mahāyāna (»Grosses Fahrzeug«) und Hinayāna (»Kleines Fahrzeug«) oder Theravada (»Weg der Alten«) heissen die beiden Hauptströmungen

	des Buddhismus. Der Mahāyāna-Buddhismus, von dem sich Zen herleitet, wird als die fortschrittliche Form betrachtet.
Nembutsu	Namenanrufung des Buddha Amitābha, jap. Amida Butsu; die Meditationsübung der Schulen des Reinen Landes (jap. Jōdo Shinshū)
Nirvāna	sanskr. »Verlöschen«, Zustand tiefster Versunkenheit: leidfreier Bereich der Wirklichkeit
Rōshi	eine von einem (einer) anerkannten Lehrer(in) bestätigte »ehrwürdige Lehrperson«
Samādhi	sanskr., geistige Sammlung besonders beim Meditieren
Samsāra	sanskr., Wiedergeburten-Keislauf; leidvoller Bereich der Wirklichkeit
Sangha	sanskr., Gemeinschaft von Mönchen und Nonnen um Buddha Shākyamuni; Schülerinnen und Schüler des Buddhismus um einen Meister
Sesshin	meist einwöchige Klausur im Zen-Kloster mit bis zu täglichem Teishō und mehrmals am Tag Dokusan
Shingon	Schule des jap. Buddhismus
Shintōismus	von jap. Shintō, »Weg der Götter«; jap. Urreligion mit Verehrung von Naturgottheiten, jap. Kami
Teishō	Darlegung des Dharma durch den Zen-Meister
Theravāda-Buddhismus	→ **Mahāyāna-Buddhismus**
Zazen	Meditation im Verschränkungssitz (Lotossitz)
Zen	jap. Zen ist die Wiedergabe von chin. Chan, was seinerseits die Entsprechung von sanskr. dhyāna, »Meditation«, ist.
Zendō	»Meditations-Halle«
Zenji	»Lehrer des Zen«, Ehrentitel

LITERATUR

Dumoulin, Heinrich. *Geschichte des Zen-Buddhismus. Band I: Indien und China. Band II: Japan.* Bern: Francke Verlag 1985, 1986.
Like a Dream, Like a Fantasy. Collected Writings of Nyogen Senzaki. Edited by Eidō T. Shimano. Tōkyō: Japan Publications 1978.
Namu Dai Bosa. A Transmission of Zen Buddhism to America. By Nyōgen Senzaki, Sōen Nakagawa, Eidō Shimano. New York: Theatre Art Books 1976 (The Bhaisajaguru Series).
Shimano, Eidō. *Der Weg der wolkenlosen Klarheit. Zen-Unterweisungen eines modernen japanischen Meisters für die Menschen im Westen.* Aus dem Englischen von Sabine Reinhardt. Bern: Otto-Wilhelm-Barth-Verlag 1982.
The Sōen Roku. The Sayings and Doings of Master Sōen. New York: The Zen Studies Society 1986.

*

Bi-Yän-Lu. Meister Yüan-wu's Niederschrift von der Smaragdenen Felswand. Verdeutscht und erläutert von Wilhelm Gundert. Drei Bände. München: Carl Hanser 1960, 1967, 1973.
Das Diamant Sūtra. Kommentare zum Prajnaparamita Diamant-Sūtra. Von Thich Nhat Hanh. Zürich: Theseus Verlag 1993.
L'Enseignement de Vimalakīrti (Vimalakīrtinirdesha). Traduit et annoté par Etienne Lamotte. Louvain-La-Neuve: Institut Orientaliste 1987 (Publications de l'Institut Orientaliste de Louvain, 35).
Genro. *Die hundert Zen-Kōans der »Eisernen Flöte«.* Zürich: Origo-Verlag 1973.
Herzsūtra in: Hans Wolfgang Schumann. *Mahāyāna-Buddhismus.*

Die Zweite Drehung des Dharma-Rades. München: Eugen Diederichs Verlag 1990, S. 51 ff.

Lotos-Sūtra. Sūtra von der Lotosblume des wunderbaren Gesetzes. Nach dem chinesischen Text von Kumārajīva ins Deutsche übersetzt und eingeleitet von Margareta von Borsig. Gerlingen: Lambert Schneider 1992 (Sammlung Weltliteratur).

Die Meisselschrift vom Glauben an den Geist. Das geistige Vermächtnis des dritten Patriarchen des Zen in China. Mit Erläuterungen des modernen japanischen Zen-Meisters Soko Morinaga. Aus dem Chinesischen und Japanischen übersetzt von Ursula Jarand. Bern: Otto-Wilhelm Barth Verlag 1991.

Mumonkan. Die torlose Schranke. Zen-Meister Mumons Kōan-Sammlung neu übertragen und kommentiert von Zen-Meister Kōun Yamada. München: Kösel-Verlag 1989.

Preislied vom Zazen,

Reuebekenntnis und

Rōhatsu Ermahnung von Hakuin Ekaku, in: Shimano Eidō. *Der Weg der wolkenlosen Klarheit.* Bern: Otto-Wilhelm Barth-Verlag 1982; S. 229, S. 51 und S. 239

Shōyō Roku. Book of Serenity. One Hundred Zen Dialogues. Translated and introduced by Thomas Cleary. Foreword by Robert Aitken. Hudson, NY: Lindisfarne Press 1990.

Das Sūtra des Sechsten Patriarchen. Das Leben und die Zen-Lehre des chinesischen Meisters Hui-neng. Mit Erläuterungen des modernen japanischen Zen-Meisters Soko Morinaga. Aus dem Chinesischen und Japanischen übersetzt von Ursula Jarand. Bern: Otto-Wilhelm Barth Verlag 1989.

ANSCHRIFTEN

Dai Bosatsu Zendō Kongō-ji
HCR 1, Box 171
Livingston Manor, New York 12758
U.S.A.

Tel. (914) 439-4566
Fax (914) 439-3119

New York Zendō Shōbō-ji
223 East 67th Street
New York, N. Y. 10021
U.S.A.

Tel. (212) 861-3333
Fax (212) 628-6968

Shōgen-ji
Ibuka-chō, Minokamo-shi, Gifu-ken
872-2 Japan

Tel. (574) 29-1369
Fax (574) 29-1320

Rinzai Zen Gesellschaft der Schweiz
Shōgen Dōjō
Dorfstrasse 61
CH-8802 Kilchberg

Tel. (1) 715-0830
Fax (1) 715-3887